职场
有意思

李曦 著

从**接线员**到
京东副总裁的职场精进法

中信出版集团 | 北京

图书在版编目（CIP）数据

职场有意思：从接线员到京东副总裁的职场精进法 /
李曦著. -- 北京：中信出版社, 2020.1
ISBN 978-7-5217-1236-0

Ⅰ.①职… Ⅱ.①李… Ⅲ.①职业选择—通俗读物
Ⅳ.①C913.2-49

中国版本图书馆CIP数据核字(2019)第259067号

.

职场有意思——从接线员到京东副总裁的职场精进法

著　　者：李　曦
出版发行：中信出版集团股份有限公司
　　　　　（北京市朝阳区惠新东街甲4号富盛大厦2座　邮编　100029）
承 印 者：中国电影出版社印刷厂

开　　本：880mm×1230mm　1/32　印　　张：9　　字　　数：171千字
版　　次：2020年1月第1版　　印　　次：2020年1月第1次印刷
广告经营许可证：京朝工商广字第8087号
书　　号：ISBN 978-7-5217-1236-0
定　　价：52.00元

目录

推荐序①

李曦：从索尼到京东的一步之遥

李国威

李曦带我参观了位于北京南六环边上的京东集团总部大楼这座巨大的综合建筑，宽敞的办公空间，功能各异的会议室、健身房、图书馆，周末供加班员工孩子玩耍的游戏室，一万多人在这三栋连在一起的大楼里上班，光员工餐厅就有 5 个楼层。从办公室窗口向外看，看到未来扩建的空间，据说将来京东总部能够容纳 4 万多人。

2016 年，京东集团首次赢利，利润达到 10 亿元。京东做电商的 12 年，成就辉煌，但也曾饱受质疑。京东集团公关副总裁李曦，对此感慨颇多，她说，2013 年初刚刚加入京东的时候，媒体上关于京东的新闻差不多一半都是偏敏感或负面的报道，现在 5% 都不到了。

这些年，公众和媒体认识了京东，李曦也重新发现了自己。

2013 年初，李曦离开自己服务了 18 年的索尼（中国）有限公司加入京东，当时周围所有人都不理解。仅仅在几年前，京东还没有现在这样华丽的业绩和良好的社会形象，很多人觉得对李曦个人来说风

---

① 本文最初发表于 2017 年 4 月。

险太大了。

但是她自己不以为然："我当时的想法是，前面 18 年已经翻篇，挺精彩的体验，足够了。但是下一段人生是重新开始的新生活，跟上一段没有关系。我觉得人生在于体验，不是结果。"

开始她觉得什么都新鲜，刚上班就赶上开采销体系管理层例会，一位高管谈业务规划，他的目标是当年增长 100%。李曦说："我惊讶地张大嘴巴，要知道，当时索尼一年增长不过百分之十几。"

更吃惊的是，在几天后的公司经营管理会议上，刘强东把这位高管骂了一顿，说这个业务，不增长 200%，不要来跟我讲。

京东集团每天早上 8 点半开管理层早会，时不时也会有这样的对话。

在很多外企，高管们精心包装 PPT（演示文稿），用华丽的政治正确的语言讲稳妥的事情。而在京东，看到有人做超过 5 页的 PPT，刘强东会问，你们团队是不是人太多闲着没事。

最近京东针对决策性质的跨部门会议推出了"三三三原则"——开会用的 PPT 不超过 3 页，会议时长不超过 30 分钟，决策会议最多不超过 3 次。刘强东要求一切谈话都要言之有物，每天的早会解决最实际的问题，杜绝任何废话。

每天的早会经常会有像这样的"挨骂"。李曦回忆 2015 年的"双11"促销，所有的指标，销售额、订单量等，都超出了预期，整个京东大楼连续数天灯火通明，很多员工吃在公司，睡在公司，最后 3 天其实几乎没有睡觉，都拼了。

"双 11"后正好是周末，促销成功令大家松了一口气。周一的早会上，刘强东开场说"这个'双 11'，还是有很多问题的"，接着就开始谈问题，越说越严重，越说大家心情越沉重。

整整四十分钟，中间刘强东就用了几秒钟说："我知道这个'双 11'大家都很辛苦，但是我们取得的成绩已经成为过去了。我们不能满足于过去取得的一点点成绩，……"大家也都意识到，"所有的问题都要解决"，还想松口气的团队，又进入新的战斗状态。

我约李曦谈业务，或者一起参加公关界的活动，都会自觉躲开早上 8 点半这个时间，知道他们的早会雷打不动。

我问李曦，大家经常挨骂压力不会很大吗？她说，更多的是被创始人的精神感染，偶尔，刘强东会跟大家说，我们大家一起，要向着做到中国乃至全球第一努力，为这样一个伟大的事业奋斗，为社会创造真正的价值，这辈子就值了。

刘强东也经常会在早会上提出很多关心基层员工的措施。他会说，东北下大雪了，配送员的鞋子要防滑，如果不是，马上去换。他还会要求行政部给员工配可以站着办公的桌子和电脑架，总坐着对健康不好。员工春节前买火车票困难，他会要求公共事务部和行政部想尽一切办法解决员工的困难。

李曦说："严格，我们非常理解。商业是残酷的，只有成功了，才有荣耀。每个创业公司都会这样想：凭什么我要被踩下去？电商市场，这三年来，很多小玩家没有了，竞争格局基本确定了，如果你败下来，一切都会归零。"

李曦刚加入公司的时候参加高管培训，平时严厉的刘强东在晚饭时说："我请大家来和我一起把这个事情做成。如果不成，我承担99%的责任，你们1%，错在跟错了人。"说完他给大家深深地鞠了一躬。李曦说，当时感觉有一种沉重的使命感。

李曦在索尼做了18年，有15年做公关，到了京东，刘强东对她说："我知道你很专业，很有经验，但是要改变思维。"

我问李曦，她改变的思维有哪些？她说，来到京东后，以前的很多东西打包扔到柜子顶上，暂时用不上了；每天几乎都在接触和学习全新的东西。

首先让她感到振奋的是京东的高管团队聚集了相当一批能人，那些跟随创始人一路拼杀打天下的勇士，以及来自华尔街和硅谷的精英们，每个人身上都有值得学习的地方。

互联网那些有趣的营销公关和战斗型公关，原来在外企根本没有。比如，在外企包装老板，不能触及有争议的话题，现在完全变了，争议有时候是好事，争议的本质是为了行业发展，促进社会进步。

我好奇"包装"刘强东有什么套路，她说："其实刘总本身不需要包装，他非常优秀，主要是给他提出适当的建议，为他搭好传播的舞台。"

刘强东登上《福布斯》杂志的封面，在纳斯达克举办记者发布会，参加博鳌论坛发言，接受央视《对话》采访，在两会前接受人民日报等媒体直播采访，李曦的团队给了充分的建议。

"他讲话几乎不用稿子，是很好的演说家。我们有时只是提供要点参考，他总是有超出想象的发挥。"李曦说。

"每年的京东年会上，他都要讲 40 分钟到一个半小时。第一次参加京东年会是 2013 年 1 月 1 日，当时我还没有正式加入公司。听着演讲，我就在下面想，这么优秀的人，为什么被媒体报道成那样？"

创始人都是有个性的，以前可能他说了 100 句话，记者抓住一句有争议的无限放大，忽略了其他 99 句，就会造成扭曲的结果。这也是互联网时代的常态。

首先需要建立公关体系，制定公关规范，招募团队成员，做好媒体报道的实时监测，扩大媒体沟通范围，制定核心信息，开展公关活动……经过一段时间的努力，京东和刘强东以前常被媒体随意曲解的情况被李曦和团队逐步扭转了，媒体报道越来越趋向客观和正面。

现在京东与各种媒体联系的数量是 2013 年以前的 10 倍。从互联网、电商、3C（计算机、通信和消费类电子产品），扩展到财经、科技、时政、娱乐、时尚等，随着媒体的变化，越来越多的自媒体都被囊括进来。

李曦从外企温文尔雅的公关，变成更接地气、能够挑战对手、尝试争论的实战型公关人。但是她说，受传统公关道德的影响，那些触及底线的事情坚决不做。

进入京东以来，除了经手上市、投资并购等重大公关事件，李曦还指挥了四个"6·18"和三个"双11"的公关大战。这些重大营销节点也让电商为越来越多的消费群体所认知和熟悉，助力业务快速增长。

按照行业口径，京东2016年总交易额已经超过9300亿元，是2012年全年的10倍还多，公司规模迅速扩大。2016年7月份京东进一步升级组织架构，李曦调到集团公关，专注于与政府事务和海外市场相关的公关事务。

她个人比较喜欢的项目之一是与财经记者李志刚合作出版《创京东》这本书。作者是平时京东联系的记者，李曦说他"特别朴实，肯下功夫，像京东人；善于写深度"。

李志刚提出写书，就跟李曦一拍即合，谋划了初步方案后征得刘强东的同意，开始做第一本由京东授权的书。李曦安排了一名同事辅助他所有的采访，安排了两次深度采访刘强东，总共采访了京东集团相关人士258人，做了400多万字的采访素材。

《创京东》在2015年6月18日之前出版，李曦团队安排了首发式，精彩章节推广，引起了大量关注。这本书直到现在都热度不减，已经多次重印，销量已超过40万册，成为近年来经管类图书的佼佼者。而李志刚也因此成为当红财经图书作者，在《创京东》一书成功后开始了自己的创业旅程。

李曦的双重身份都令人羡慕，作为京东人，她亲历和见证了京东这样一家本土创业公司从谋求上市到赢利的巨大飞跃；作为公关人，她完成了从外企到民企的转变，从稳重安全到激进求变的性格飞跃。

李曦中学读的是北京五中，高考被北京航空航天大学计算机系录取，计算机系当时非常热门，但是父亲让她去读外语系，尽管分数要求没有计算机系高。这个专业文理兼顾，用英文学大学数学、大学物理，原本是为航空航天部准备的理科型英文翻译人才。

毕业后，1994 年加入索尼公司北京办事处，筹备索尼（中国）有限公司的成立，1997 年 6 月成立索尼中国后，公关部于年底开始正式运营，她的老板是一个在北京出生、长大的日本人添田武人，添田精通中、日、英三种语言，现在是备受索粉们喜爱的索尼游戏业务中国区总负责人。

2001 年，添田武人回国，李曦开始负责索尼中国的公关团队，2009 年开始担任索尼中国副总裁，除公关外还管理索尼在中国的品牌标识规范和公司级网站，并兼任索尼探梦科技馆的总经理。她当时是索尼中国这家日本企业中唯一一位本土女性副总裁。

李曦身上有很深的索尼烙印，一种全球化的思维。她记得 20 年前第一次到索尼总部参加全球公关会议，20 多人来自十几个国家，大家都讲英语而不是日语，她感觉很惊讶也很兴奋。索尼的工作语言是英语，向全球发的新闻稿也是用英语，这一度搞得中国驻日本的记者很不习惯。

在索尼这样的大公司，大家每年都会做年度规划和三年规划，通常9月开始讨论，11月底各个部门向中国区管理层汇报，然后中国区向总部汇报。

在李曦的印象里，这个汇报会上有的部门竟然会做100多页的PPT。走过这个流程后，目标、预算都会确定下来，实施的时候有微调。这跟后来京东计划赶不上变化的速度成为鲜明对照。

李曦说她在索尼的成绩主要是建立了一套全面为索尼在华业务服务的公关体系和团队，后期为索尼探梦科技馆带来很多创新传播和精细化管理。我让她讲讲在索尼印象深刻的事情，她讲了下面的故事。

2005年"3·15"之前，索尼被湖北70多个消费者投诉，要求高额赔偿，否则就在"3·15"当天在武汉一个最繁华的中心广场砸索尼电视产品。

就在前两年，武汉这个中心广场发生过"车主怒砸奔驰车"事件，负面报道连篇累牍，后来奔驰德国总部高管亲自来华解决。

高额索赔的原因简单而荒唐，一款电视机的宣传页功能标注不清楚，有个小的功能，几乎没人关注也不影响常规使用，在宣传页上该画杠（表示没这个功能）的功能表里标成了圆点（表示有这个功能）。

李曦感觉是被职业打假人盯上了，他们从商场偷走了送货记录，联系上了购买这款电视机的70多名顾客，然后告诉大家说他们会替大家跟索尼索要赔偿，然后分给大家。他们挣中间的利润。

李曦到现场去解决这件棘手的事。她带着律师、公关公司、客服高级经理等人到了武汉，白天走访分公司同事、商场售货员、约见媒体，晚上大家一起分析案情，制定策略；事情脉络清晰后他们坐着一辆租来的快要散架的小面包车直奔举报人所在地仙桃。

在颠簸中，李曦收到公司短信，索尼要宣布更换全球CEO（首席执行官），新的CEO是一位美国人，董事会刚刚通过决议，要马上发新闻。那时候手机还看不了邮件，只能打电话发短信，李曦当时挤在小面包车里把这件事搞定，到了仙桃又通过当地公安等部门的帮助制止了这起有潜在巨大风险的投诉事件。

一天下来风尘仆仆，成果卓著，晚上回到酒店里再写英文邮件汇报。她说这可能是公关"阳春白雪和下里巴人"同时再现的真实写照。

还有一件记忆犹新的事发生在2001年，当时索尼的全球董事长大贺典雄访华。大贺先生学音乐出身，是一位传奇的音乐家和企业家。在读书时就在参观东京通信工业株式会社（索尼前身）时对录音机专家侃侃而谈，镇住了厂长。

后来索尼创始人井深大和盛田昭夫力邀大贺典雄到索尼工作，他用自己的专长改进索尼的影音系统，以独到的眼光推出了不少独一无二的索尼产品，被称为"CD①之父"。

大贺典雄乐观、开放、喜欢冒险，作为索尼公司董事长和东京爱乐乐团董事长，2001年他亲自驾驶公司专机"猎鹰号"从东京飞到北

---

① CD：激光唱片。

京参加北京国际音乐节，李曦带着几名记者跑去首都机场专机停机坪等候"猎鹰号"的降落，拍摄了大贺典雄开飞机和走下舷梯的新闻图片，当天这件事就上了《北京晚报》的头版。

大贺典雄在保利剧院指挥东京爱乐乐团演出，下面坐满了政府官员、艺术家、音乐爱好者和索尼中国邀请的贵宾们。当观众沉浸在柴可夫斯基e小调第五交响曲的旋律中时，可怕的事情发生了，指挥大贺典雄先生突然手按了一下乐谱台，然后砰的一声昏倒在了舞台上，乐队和观众都被这突发事件惊呆了。

救护车把大贺典雄送到中日友好医院。索尼公司高层、北京国际音乐节主办方乃至北京市领导都极为关切，现场有些混乱。

李曦记得当时自己一边跟着大贺夫人的车一起赶往医院，一边相当训练有素地从书包的夹层掏出了永远携带在身边的索尼全球公关紧急联络手册，拨通了索尼总部公关部部长的电话，第一时间通报了这一紧急突发事件。

大贺先生直接被推进了ICU（重症加强护理病房），经诊断是蛛网膜下腔出血，很严重。记者们冲到医院急救室门口抢新闻，李曦跟赶来的记者一个一个沟通解释，希望大家不要拍照片，忙到半夜。

她处理完医院的媒体问询，又去送一位总部领导坐索尼的专机回国，之后马上回到办公室跟总部公关部一起写面向全球的声明稿，完成后又邮件通知中国区的所有高层；已经5点半了，想稍微睡一会儿，刚过6点，一个日本记者到办公室敲门，要求采访。

这个声明可不简单，要协调总部、音乐节组委会、医院的信息，乃至北京市政府的口径。好在这个事情在总部是李曦的前老板添田武人负责。

声明稿发出后，李曦又找到北京晚报总编辑，晚报在《索尼公司董事长开专机参加北京国际音乐节》之后，又发了一条《索尼董事长突发疾病入院，索尼公司感谢北京市民关心》，及时为突发危机事件定调。

一个月后大贺典雄出院，他给很多在自己发生意外后关心他的人写了感谢信，这封感谢信在李曦安排下被北京的媒体在头版广泛刊登。至今，李曦非常感恩当时支持过她工作的北京都市报媒体。

李曦从小是个听话的孩子，被家里人定义的好孩子。她母亲是四个兄弟姐妹中最大的，李曦也是孩子们这一辈的老大，表弟们从小都以姐姐为榜样。

从索尼离职去京东，在新闻正式被发布之前她都没敢跟母亲讲，一是怕消息提前走漏，二是觉得母亲不会理解，毕竟未来充满不确定性。

母亲当然有些不高兴，毕竟这么大的事情。这回李曦没有选择"听话"，因为她想做一次自己。老公说，你自己想好了，以后没有在索尼这样的地位了，她说想好了，不在乎。

她说她是带着重新开始一种生活的好奇心加入京东的，但是来公司第一个星期就被其他高管表现出的"狼性"吓了一跳，"来公司三天，正好赶上跟一些高管吃晚饭，酒桌上气氛热烈，也带着豪气和杀气，他们眼睛里都放着光"。

她想，看来需要做好在创业公司拼命工作的准备，首先身体一定不能垮。

一个星期后，她开始跑步，在冬天冰冷的北风中跑，跟自己较劲，后来养成了习惯，到哪里都要跑。几个月前我跟她在香港一个公关活动上相遇，她早上就在九龙一个小公园里跑了 5 公里。

我问她，在索尼已经过得很好了，为什么要这样跟自己过不去？她说："我有时候想，人活着为什么？如果不寻找新的目标，就像在茫茫无际的海上任意漂流，不知所终。"

李曦的儿子 17 岁了，初中的时候语文不好，阅读理解扣分很多。李曦问他，你怎么理解总是有问题？儿子说：扣分的是我的理解，得高分的是老师的理解。

李曦感慨道，我们小时候不这样说话的。

公司里有很多 90 后，她说，90 后不是人们想象的那样要待遇，他们更喜欢的是自己被激励，愿意跟着自己佩服的人做喜欢的事情。

"在京东，我会经常被创始人和团队那种执着的创业精神和战斗精神震撼。这里很辛苦，但特别充实，内心总会被激发。外企非常专业，做事严谨，体系也完善，但是没有这种创业精神，精神动力不够，这是不能满足我的原因吧。"

索尼 1946 年创业时只有 19 个人，从一个废旧工厂起步，到 80

年代成为亚洲最成功的全球化企业，无数人被这个成功的故事感染。

李曦说："现在是中国企业的时代，我相信我们这一代也能够创造奇迹，让中国企业从不起眼成长为真正的全球公司。今天这个时代已经来临，我们有这个能力。当然路途会非常艰难坎坷，要有精神上和体力上的准备。"

她说："这个时代我们都有更多的自由选择自己的职业，这是一个属于中国，属于不满足于现状的冒险者的时代。"

我问她，对新一代公关人有什么建议，她说"追随内心"。

2014年5月，李曦和团队带着40名中国记者去纽约，关于上市的各种流程，到最后一刻才走完，所以在记者行程上写的都是"纽约时代广场活动"，并没有"京东上市敲钟"这一具有里程碑意义的重大活动安排。

李曦说，我们得知以前有公司发生计划好的敲钟没有敲成的情况，有的准备开市敲，结果出现意外不能及时获批，只好推迟到闭市才敲。

上市前一天的晚上，李曦的媒介总监带记者去吃晚饭，发微信问："已经上水果了，明天敲钟的事能说了吗？"水果快吃完的时候收到通知，京东上市已明确获得美国SEC（证券交易委员会）批准，一向严谨的李曦硬是拖到最后才告诉记者第二天的真正安排。可能没有人知道，李曦和团队还准备了敲闭市钟的预案。

随后，半夜向美国及全球媒体发稿，完成后睡了3个小时，凌晨5点，纽约突然下起大雨，电闪雷鸣，还有3个小时就是时代广场的户外活动了，李曦又揪着心，无法入睡了，想着已经跟纳斯达克说好的给所有客人准备备用雨伞的预案。

7点半，雨停了，8点半，天晴了，9点，公司创业老员工们、投资人、京东高管团队数十人在刘强东的带领下敲响了上市钟，时代广场36块大屏齐闪，祝贺京东集团登陆纳斯达克，成为第一家在美成功上市的中国综合性电商企业。

扮演公司吉祥物的同事按计划开始在时代广场发放纪念品、与宾客和路人合影留念。在时代广场的现场转播车将信号传回国内，北京总部同步召开了庆祝晚会，员工欢呼雀跃。

敲钟后是在纳斯达克二楼的新闻发布会，在李曦的主持下，京东高管集体亮相，刘强东带领高管答记者问，几十名媒体朋友也都很激动，不停地拍照，然后是中外媒体对各个高管的一对一专访……

京东敲钟的那天也是李曦的生日，没有多少公关人能这样帮助创造历史，亲身见证历史。李曦在这个变革的时代，用自己的勇气和智慧，书写了一段公关传奇。

未来仍然充满冒险和变数，而不论京东还是李曦本人，惧怕风浪的时刻已经过去，现在他们正扬帆远航，全速前进。

引言

在过去的近 30 年，我经历了从一个胆怯甚至有些自卑的弱小的女孩子，逐步在生活和工作中找到并历练自己，逐步建立自信，直到敢于遵从内心的想法去做自己想做的事情，成为生活中的强者的过程。虽然在旁人的眼中这个过程再普通不过，结果也并不值得关注，但是于我个人而言，我通过不断的心灵求索和行动付出完成了转变。我为自己的生命注入了很多新的意义。我没有被时代丢下，我可以为自己打 75 分。

在京东工作的最后一天，我收拾办公室时找出了过去几年来参加早会所做的所有笔记，竟然有 10 本，摞起来厚厚的一摞。而各种分类记录的工作笔记更多，包括大量与各个业务线一起开展的工作和项目，运营分析与决策，等等。我当时想，我想要继续前行，把过去忘了，去做下一件自己想做的事。于是，我用碎纸机碎掉了所有的笔记。

说起来我的职业经历极为简单，有两段值得一提，第一段是在索尼中国公司，我是在索尼中国公司还没有成立时就加入了当时的索尼公司北京办事处，一干就是 18 年，从办公室端茶倒水的一个小秘书，一路做到了索尼（中国）有限公司的副总裁，在当时是唯一的一位本土招聘的被提拔到副总裁的女性。十几年来我帮助公司管理层一点一点地建立了日趋完善的公共关系体系，并全面管理索尼在中国的公共关系、品牌标识、公司网站、品牌调研、大型品牌项目索尼探梦科技馆等。我的第二段职业经历是在京东集团担任副总裁，从 2013 年 1 月正式入职开始，6 年半的时间，陆续帮助公司建立了国内、国际公共关系体系和团队，在此期间经历了京东集团在美国纳斯达克上市、业务高速发展和扩张（这期间平台交易额增长了 20 多倍）以及开始进军国际市场等令人瞩目的历程。

在我正式结束了这两段充满挑战的职业生涯后，有不少在职场打拼的女孩约我聊天，希望我能够给她们的工作和生活提一些建议。我发现，每一个人都有自己的困惑、纠结乃至焦虑，而同时又满怀着对未来的希冀和梦想，这些矛盾让她们困惑、烦恼。她们的问题很多，例如，工作 5 年了，如何能够在事业上迈上一个新的台阶？怎么规划职场的下一步？一些 80 后的女孩正处在 30~40 岁的人生阶段，她们有的为没有找到合适的男友而着急，担心成为别人口中的"大龄剩女"；有的在考虑是不是要孩子，如果要了孩子工作生活怎么平衡，而现状是工作压力已然很大；有的对自己的工作现状不满，可是有一些新的机会又犹豫要不要做那么大的改变……这些我们每个人几乎都会遇到的问题，一直困扰着很多职场女性。从与她们的交流中，我仿佛看到了不同阶段的自己。

我们身处的世界如此复杂，大多数初入职场的人都免不了会产生一些畏惧心理。而刚刚度过了职场小白阶段、畏惧心理终于有所缓解后，更复杂的职场环境和更大的生活压力又不断袭来。你终于成为职场老兵，却又遇到了前所未有的挑战和越来越复杂的，甚至是无解的问题。生活就像游戏中的打怪升级，高手会装备好自己，然后以最好的心态和状态去参与，乐在其中，游刃有余。

我原本已经打消了写书的念头，而且已经碎掉了工作中所有的点滴记录。可是，当我走出办公室，有机会与这些女孩子一个个单独坐下来喝杯咖啡交流的时候，我觉得她们的青春如此美好，我感受到她们的苦闷、希冀、焦虑、愿望，所有这些都交织在一起，正如我这 30 年中所经历的一样。我真心地希望她们能够让自己的人生无悔，于人于己都更有价值与意义。因此，我想通过写下这本书，跟这些可爱的职场人做一次最亲密无间的分享。

如何跨越梦想与现实之间的鸿沟？如何成为最想要的自己？我的好朋友鲁豫在她《偶遇》一书中说道："生活不是做给别人看的行为艺术。"我非常同意。我想说，最好的选择是"尊重内心"。

1

找准定位，一直向前

我们自身在大学的专业，哪怕只是像我学的英语专业仅仅是一个工具，但仍然是我们最扎实的专业技能，并且永远是我们最保险的职场护身符。我们所要做的是想办法让自己最擅长的一个技能，或是一个小小的比较优势成为脱颖而出的"利器"。

应聘：万事开头难

在我上大学的那个年代，一天的活动范围基本上就是课堂、图书馆、食堂、宿舍几点一线，不像现在的大学生在大学期间就有多次实习和社会实践的机会，可以说我到毕业的时候也没有见过社会是什么样子，连听都没有听说过"职场"这个词，而国家那时开始实行不包分配了。记得我当时到处应聘，却全部以失败告终。

有一次我应聘航空航天系统一个科研单位的翻译岗位，专业正对口（我是理工科院校的英文专业，这个专业设置的初衷就是为学校所在的航空航天系统提供英文翻译人才），但手里握着招聘大权的那位部门领导无奈地跟我说："你的专业对口，学习成绩也不错，但是我们不想招女的。上周我们搬家，全部门几乎都是女的，连张桌子都搬不动。你再看看别的单位吧。"

还有一次应聘一家进出口公司，20世纪90年代初期进出口贸易是最热门的行业，很多学生高考时选择报考英文专业都是为了有机会去进出口贸易公司。对方正好需要英文专业人才，我兴冲冲地去面试，脑海里想着有一天我跟外国人一起坐在窗明几净的会议室里面谈业务的情景，那是多么令人向往的画面啊。面试时人家问我："你做过进出口贸易的相关工作吗？你有客户吗？"我没做过，就更别提客户了，我连客户到底意味着什么都不知道，我当时大脑一片空白。走出进出口贸易公司的那一刹那，我意识到这个门槛对我来说有点高，我对自己说："别做梦了。"

我又在报纸的招聘信息里面找到了一个位于石景山的中外合资的工厂，我记得那个单位是生产锅炉的，好像叫巴布科克·威尔科克斯有限公司，当时正好招聘英文翻译。我想：我一个一类理工院校英语专业的毕业生，去不了进出口贸易公司，去个工厂当英文翻译应该没什么问题了吧？我坐了近两个小时的公交车赶往这家工厂面试，聊完以后人家看了看我说："我们需要懂业务、有经验、身体好、能够独立与合资方进行业务合作洽谈的人，我们的锅炉设备是非常先进的，我们引进的是美国的先进技术和设备，已经从过去生产中低压锅炉跃升为生产超高压和亚临界锅炉了！"我既不懂业务，又没有经验，看上去特别文静，给人的感觉是弱不禁风；我才刚刚毕业，怎么可能马上就独立与合资方进行业务的合作洽谈呢？就这样，锅炉厂无情地把我拒于门外。

屡次的应聘失败让我认识到一个残酷的现实：在大学里学的很多专

业，尤其是英语这样的专业，其实只是初步掌握了一个工具，根本不能给企业带来多大实际的价值，无法给企业带来实际的价值就没有人会要。从20世纪90年代我去应聘工作的时候，用人单位就希望应聘者是有经验的，直到今天。除此之外，男生和健康的体魄也会加分。我作为一个没有任何实习和工作经验且外表柔弱的女生，特别不好找工作。

类似上面这样的应聘失败的情况不用说又发生了几次。屡次失败后，冰冷的现实让我的心情很沮丧。怎么办呢？我决定不再挑工作，让我做什么都行。我暗暗下定决心，不管我从什么工作做起，在进入职场、走入社会后，必须一切从头学起。今天回过头来看，多次面试失败的经历，对我来说也许是一件好事，它使我清醒地认识到，大学毕业绝不是学习的结束，而是新的开始。而在后来20多年的职场生涯中，我越来越认识到，人应该坚持"终身学习"，不断学习的重要性远远大于从小学到大学的学校教育，远远大于拿到几个文凭。

在上大学和研究生学习期间，还应该不断地利用假期、课余时间进行社会实践和实习，这些是非常重要的步骤，这样做的好处至少有三个方面：第一，通过接触社会和不同文化氛围的实习单位，能够令你对不同的行业和职场有一个初步的感知，这种亲身感受对于自己今后大体希望朝着什么方向发展具有很重要的参考意义。第二，通过实习接触实际的业务、接触职场人，可以让大学生认识到，在职场中，仅掌握书本上的知识是远远不够的，更重要的是如何将这些知识应用在实际的业务中，而在工作中，还有大量需要扩展的知识等着你去学习和钻研。与人打好交道的重要性一点不比业务能力的重要性低，而与人打交道的能力和经验则需要假以时日，不断从实践中去学习。第三，较丰富的实习经验非常有助于毕业后的应聘，提升你的应聘竞争力和成功率，助你在职场上更快更好地起跑。

我上大学的时候大家都还没有这个意识，而我毕业时又恰恰赶上了不包分配的阶段，所以找工作时碰了个灰头土脸。我在担任京东副总裁时经常会参加管培生的招聘面试，每个管培生候选人的简历都有一些实习经历，当看到一份有几段非常扎实的实习经历的简历时，我就更愿意多向这样的候选人提问，以更深入地考察应聘者从实习中学习到了什么、获得了哪些经验、是不是具有团队合作精神、是否踏实肯干、是否对所服务的企业表现出应有的承诺，应聘的同学也因此得到更多展示自己能力、经验和人格魅力的机会。京东管培生的应聘竞争十分激烈，实习经历比较单薄的候选人通常就不容易成功。最近，一位普林斯顿大学的博士的调查研究显示，美国名校毕业生的简历，在大量中国公司的招聘负责人眼里，并没有比本土大学生求职者得到更多的回复，其中一个主要原因就是，招聘负责人普遍认为美国大学生求职者可能有更多选择、更容易跳槽，很难稳定下来。从此调研可以看出，应聘成功绝不是单凭成绩好或业务能力强，而可能是团队精神、学习能力、责任感、忠诚度、好身体、易融合的性格以及与应聘岗位的匹配度和该人选在团队中与其他团队成员的配合度等很多综合因素共同决定的。所以，应聘失败也并不是单纯地意味着你的业务能力不行，更多是经过招聘负责人的综合考量后认为你与应聘职位的匹配度不够。

当时的我完全不知晓这些。在我不断降低标准和扩大应聘范围后，我终于找到了一份工作，在中外运敦豪（DHL）公司当了一名总机接线员。接线员的工作挺轻松的，我的面前有很多按钮，我戴着一个头戴式耳机，哪个按钮亮了就是有电话进来了，我需要马上按下按钮并对着话筒说"你好，DHL"，一天估计得说个几百上千次，来电一方说要找谁或哪个部门，我就再按旁边的数字按钮把电话转到相应的部门，其他什么都不需要做。这个岗位是轮班制，每个人每天上班 5 个小时，对于女孩来说真是一份舒服的工作。当时跟我轮班的姑娘应该没有上过大学，她打扮得特别时髦，我开始在这里上班后，她迟到是家常便饭，记得她常常跟我说："小丫头好好干，姐要去逛街，晚一个点儿来，你多盯一会儿！"然后经常是唱着歌提着购物袋就来上班了，我每次都要替她多干一个多小时。

可是我想，我好歹学了好几年英语，原本是应该去航空航天系统当专业翻译的，可是在这里除了 DHL 三个字母，一句英文用不上啊，除了每天按无数次按钮，一点业务也没学着啊，舒服是真舒服，每天下午 3 点多就回家了，可是总不能这样浪费青春吧！于是，我继续不断找寻新的工作机会，有一天，在一个报纸的中缝，看到了中国仪器进出口公司下属的与索尼公司合作的专业维修机构——索尼技术服务中心招聘培训部职员，虽然不知道具体会干什么，但我要抓住一切机会改变现状、学习更多新的东西，就跑去应聘了，没想到这次应聘成功了，这次应聘想想也是很离奇，跟我大学所学的专业没啥关联，可能我正好是他们彼时想要的那种人吧，听话、肯干、沟通能力还不错，于是我成了这个与索尼公司合作的维修机构培训部的小职员，每天的工作就是帮助培训部的老师专家们打理所有的行政事务并帮他们做培训班的所有组织安排工作，有点像后来我开展的无数公关活动中最基础的繁杂会务事项的安排。在这里近两年的工作中，我有幸接触到了大量索尼广播电视专业器材以及我们的学员——全国各电视台的广播电视专业工程技术人员和负责人。在每年一度的大型广播电视专业器材展会上，我第一次看到了索尼广播电视专业领域的全面产品技术展示，我为那些专业监视器里显示出的无比清晰绚丽的画面所吸引，为那些高精尖的演播室设备所震撼，我几乎迷上了高高悬挂在展台上方的、熠熠发光并带有些神秘感的深蓝色 SONY（索尼）品牌标识——索尼人骄傲地称之为"索尼蓝"，我也为索尼公司的职员们表现出来的专业精神和专心致志投入工作的状态所震惊，我第一次知道原来工作还可以如此富有魅力，让人着迷和神往。

当时中国仪器进出口公司体系里面的单位待遇还是很不错的，工作到一定年限都有机会分房，并且每天 5 点准时下班，不到 5 点半就到家了，对一个女孩来说这是一份很稳定且有点优越的工作。可是，在索尼广播电视专业展览会上看到的那些专业、投入、敬业的索尼人的形象久久盘桓在我的脑海中。我也渴望成为一个非常职业、全身心投入专业性工作的职场人。

一个学英语的去了日本公司

　　我所在的索尼技术服务中心培训部迎来了一年一度的大活动，数十位来自全国各地电视台的广播电视专业器材技术负责人会聚北京，几个大型的会议和培训活动让我忙得不可开交，为了让各项安排更加井井有条，我在白天协调和检查好酒店的会议室、餐厅各项准备工作后，连续几个晚上都加班到深夜，跟进会议代表的入住酒店情况，整理参会代表的胸牌、桌卡、签到单、要发放的会议材料，确认午餐、晚餐的菜单等，事无巨细。几天的会议和培训项目均顺利进行，终于等到了最后一项重要活动：结业晚宴。

　　结业晚宴由索尼公司北京办事处负责准备。我的大部分工作已经完成了，感到身体已经非常疲惫，但是会议培训活动的成功举办让我的大脑仍处在兴奋状态，精神仍然饱满。我换上了一身新衣服去参加结业晚宴，自己想着庆祝一下我所负责的大型培训会议组织工作的成功。索尼公司刚刚面向中国市场派驻了一名中国区总代表，到北京赴任还不到一周。为了全面启动在中国的工作，他正在积极地了解各方面工作的情况，因此他也会来参加我们的结业晚宴。据说这位索尼中国区总代表原来在总部一直负责索尼集团的国际事务，曾经访问过60多个国家，英语非常好。因为我是英文专业背景，我们技术服务中心的领导特意把我安排在了主桌，让我在我们技术服务中心的大牌日语翻译忙不过来时，作为后备力量帮助中心领导翻译。

结业晚宴气氛热烈，所有参加晚宴的人都非常开心，大家共同完成了几天紧张的培训会议，收获颇丰。颁发完结业证书后，全国各地电视台的技术负责人和索尼技术服务中心的培训讲师、专家们的交流渐入佳境，没有人再特意和新来的索尼驻中国总代表先生继续外交礼仪一般的交流。看到这种情况，我想，作为培训活动主办方的一名工作人员，此时此刻我有责任照顾好索尼方面的重要客人。于是在没有领导的情况下，我试着用英语与总代表先生直接交流，我们惊讶地发现对方的英语特别好，于是越聊越起劲，聊到了很多有意思的事情。当总代表先生已经开始给我讲他在中东国家的奇遇的时候，忽然技术服务中心的领导对我们说："晚宴结束了，快点去照大合影！"我们二人抬头一看，刚刚人声鼎沸的宴会厅竟然人都不见了，我们居然聊得如此投入而浑然不觉，于是我们赶紧起身走出宴会厅追赶大家。

几天后，我得知这位新上任的索尼公司驻中国总代表正在招聘秘书，于是我立即申请了去面试，没想到这次面试竟然一举通过了！由于之前经历过了种种失败的应聘，由于我看到了专业展览会上索尼人的职业风范，我的心里一直有一个愿望，就是自己也有机会成长为一名具有职业风范的职场人。激动之后，需要认真考虑的是，到底是去外企做一名秘书，还是继续在中国仪器进出口总公司的体系里再努力工作几年，力争稳固自己的业务领域、拿到分房的机会。如果3年后能够分到一套房子，将是多么好的事情啊！

我在这里必须感谢我当时的男朋友，也就是我现在的先生。在这件事情上我们曾经有一次对话，他在听了我述说的情况后，对我说："你不要为了一套房子，放弃自己想做的事情。"这句话就像雾霾即将散尽时又刮来了一阵清风，彻底清除了我当时内心的纠结与迷惑，仿佛天空一下子清澈了。其实在我的心里已经越来越倾向于这样一个决定——放弃可能的分房机会和当时优越闲适的工作，进入新的领域去学习和探索。怀着良好的内心愿望，我进入了索尼公司北京办事处，成为一名秘书。

秘书的工作比我想象的更无趣，就是每天为来往办公室的客人沏茶倒水、帮助老板打理安排日程、订机票、订酒店、报销单据等各种琐事。这类事情做了几个月之后，老板曾经有一次带我去考察一个经济开发区，并与开发区负责人洽谈，但是由于我当时没有工作经验，不知道这时应该做些什么，因此我并没有抓住这次机会，就是跟着去了一趟，回来连会议记录都没有写。后来老板再也没有带我涉及更多业务。

索尼公司不同于其他日本企业，它是亚洲国际化程度最高的跨国企业之一。令我吃惊的是，在当时索尼的全球业务中，北美地区是它最大的市场，销售额占比最高，排在北美市场后面的是欧洲市场和日本市场。英语是索尼全球统一的工作语言。当我后来进入公关领域，到日本出差联系中国媒体的驻日记者时，他们和我抱怨说："我们都是学日语的，可是索尼公司的公关部总给我们发英文新闻稿。"这是因为索尼总部公关部里面的国际公关对所有非日本媒体统一用英文进行沟通，后来这件事当然很容易就解决了。再后来，我在京东负责国际公关时，就特别关注了这个点，公共关系一定需要本地化运作，我曾经带领团队积极拓展并实现了不同新闻稿的本地语言发布机制，能够发布包括英、法、德、意、西、日、韩等多种语言的本地新闻稿件。这是后话。我很多大学同学在听说我去了索尼公司后非常疑惑："你学的是英语，为什么去日本公司？"他们不知道索尼的国际化程度极高，并且在日本公司，一个学英语的更有机会发挥出不一样的优势。

我们自身在大学的专业，哪怕只是像我学的英语专业仅仅是一个工具，但仍然是我们最扎实的专业技能，并且永远是我们最保险的职场护身符。我们所要做的是想办法让自己最擅长的一个技能，或是一个小小的比较优势成为脱颖而出的"利器"。

进入了日本公司工作的我，开始想如何更好地利用我所具备的"英语好一点"这个小小的相对优势。然而现实却很残酷，虽然是进入了一个"高大上"的外企，但是我每天干着端茶倒水订机票的工作，哪怕公司品牌在全世界都响当当的，和我又有什么关系呢？我是有些沮丧的，毕竟来这里之前，我经过自己的努力，已经承担起了技术服务中心培训部的大型培训会议组织工作，和来自全国各地电视台的学员也建立了联系，至少大家是平等的，我的工作是受到尊重的，日子也是开心的，而且我还放弃了可能分到房子的机会。而到了这里，我每天只是做这点无聊的事情，我甚至有低人一等的感觉。

但我没有自暴自弃，趁着老板出差、开会的时间抓紧学习，浏览了大量中外媒体的新闻。别的同事以为我没事就喝茶看报纸，其实我是在认真学习并密切关注经济形势的变化。后来我悄悄做出了一个英文版报刊摘要精编，主题是"中国宏观微观经济和产业形势分析周刊"，把我所浏览的媒体信息进行吸收和总结提炼之后，做成英文简报，每周分享给总部所有与中国业务相关的部门，大家的反馈是"耳目一新"，对我这个小秘书也开始刮目相看。

在后来进入公关领域后，虽然我还只是一个公关菜鸟，但是由于索尼中国区当时并没有其他人做公共关系这项工作，且我的英文表达也还算清晰流畅，因此索尼中国的领导每次都派我去参加索尼总部的全球公关会议，由我代表中国地区与索尼全球各地的公关负责人分享中国业务的发展、媒体环境的变化和索尼中国的重点公关案例。其实那个时候索尼中国业务才刚刚起步，和欧美市场的业务完全没的比，在这个过程中，我更是向美、欧、日等成熟市场的公关负责人学习，也逐渐地与索尼全球公关网络的负责人建立了密切的沟通和相互的信任，日后索尼中国规模迅速扩大，公共关系职能也变得必要且越来越重要，这些学习和全球公关网络关系的建立全都派上了用场。

不同于其他日本企业，索尼派驻全球各地的负责人都具备欧美生活经验，几十年来都在世界各地的市场工作，英文都非常好，我可以与各届派驻中国区的董事长、总裁用英文顺畅地进行汇报和交流，在这项工作中英语能帮助我更自如地与上级沟通。

你可能要问，难道不是学日语更适合日本公司吗？在日本企业，我也常常很是羡慕学日语的同事，看到他们能够用我完全不懂的外语和很多日本同事流利地交流，我自己总有一丝无能为力之感。但是有一天，一位学日语的同事跟我说："还是你用英语和老板沟通更好，我们学日语的，再怎么样日语也说不过老板啊，表达时多少会有些信心不足，用英语沟通双方则会更加平等。"这句话让我豁然开朗，于是更加自信地用英语一直交流下去。索尼中国发展壮大后，吸纳了更多亚洲地区的经理人，包括新加坡、印度等国家和地区的经理人，由于我更深入地了解中国本地市场，经常有机会在每年数百名高级经理以上人员参加的全国经理会议上用英文发言。

索尼的国际化非常彻底，2005 年，原索尼集团董事长兼 CEO（首席执行官）出井伸之先生为了让索尼成为更加纯粹的全球化企业，对董事会进行了大刀阔斧的改革，连同自己和另外两名核心董事全部从董事会撤下，以达到让位于新任的美国 CEO 的目的。此后，索尼集团全球的管理不光是语言、思维，甚至是公司治理架构、公司战略等所有方面都愈加国际化。作为一直在这家日本公司用英语工作的我，自然是更加充分地利用了自身的优势和专业背景。

我在索尼工作到第 15 年的时候被提升为中国区当时唯一的一位女性副总裁，除了在公共关系业务领域不断开疆拓土、打造出专业团队、搭建了公关运营机制和支持业务的体系以外，我充分利用"英语好一点"这个小小的比较优势在这样一家高度国际化的日本企业里积极推进工作，这也在一定程度上帮助我在大量优秀外企经理人中更容易地显露出来。想象一下，如果我当年去的是一家美国公司，那么我就需要根据那里的环境来寻找自己其他的"利器"，也许会是亚洲女性特有的耐力和坚持，而不会是语言优势了。当然，由于日本文化和民族性格的特点，在日本企业推进工作有时候是极为困难的，当年公司的美国 CEO 也在这方面遇到了极大的挑战。作为职场人，即便是找到了自己的一个小"利器"，仍然需要建立起自己独特的、综合的竞争能力和优势，从而令自己能够在职场中不断进阶，这些我将在后面的章节一一展开论述。

紧跟时代趋势是明智的选择

变化是这个时代的主旋律。我们这一代人经历了一个神奇的时代，近10年以来，互联网以其不可阻挡之势，深刻地改变了零售、物流、交通、金融、住宿、餐饮、旅游、娱乐等行业，并正在加速向制造业渗透，从第三产业向第二产业、第一产业快速延伸。互联网、大数据、云计算、物联网、人工智能等信息技术的逐步成熟和产业应用，正在推动各行各业发生剧烈的变化，颠覆旧有的模式，催生出了大量的新兴商业模式和业态，重构了价值链。

近10年来全球市场格局发生了很大的变化，10年前最有钱的企业前5名是埃克森美孚、GE（通用电气）、微软、花旗银行、美国银行，一家石油企业、一家制造企业、一家软件企业、两家银行。而今天最有钱的企业依次是苹果、谷歌、微软、亚马逊、Facebook（脸书）。短短10年，互联网企业成为最有钱的企业，过去那些石油企业、制造业和传统金融行业的价值在快速衰退。

我们所亲历的这一轮科技革命和产业变革可能比过去上百年所经历的变化都要剧烈。我们所熟悉的一切都将变得与以往不一样，越来越多人所共知的所谓常识在不知不觉中都被重新定义了。产业已经被重新定义了，比如商业、服务业、制造业、银行、保险、医疗，人生也不由得被重新定义了，比如学习、工作、生活、就业、创业、旅游、养生、养老等。除了你的亲人不会变，似乎一切都在发生着变化。

在如此剧烈的变化中，我们再也不能只抱着过去的观念，简单地沿着过去做事方式的延长线去做事了。我认为今天最重要的时代特征是：互联网将成为一切商业的基础设施。因此，我们在择业的时候，必须要与时俱进，做出更加正确、更加明智的选择。如果你的职业不是在这样的商业基础设施上，就好比你没有坐上一趟通往大城市的列车，而被留在了村镇的老站台上，这不仅仅是没有搭上车那么简单，更重要的是，一直原地不动待下去的你可能因为就此脱离了发展的轨道而停滞不前，距离先进生产力越来越远。紧跟时代趋势的选择一定是明智的选择，因为站在履带上跑，用同样的时间和速度，你一定比履带下面的人跑得更快。

让我们看一看我们所处的时代究竟发生了哪些巨变。近半个世纪以来共发生了"三次革命"，分别是：计算机时代——计算方式的革命；互联网时代（IT）——信息传播方式的革命；大数据时代（DT）——决策方式的革命。互联网一直在加速进化，大数据时代已经来临并且在蓬勃发展。围绕互联网产生的新技术、新应用、新服务层出不穷，商业生态系统也在不断演化，越来越多的业务在数据化，越来越多的大数据也在演化成种类繁多的创新业务，整个商业生态系统比任何时候都更趋向于数据化、虚拟化。越来越多的产业发生着剧烈的变革，像多米诺骨牌一样，传统产业一个接一个地被新兴的互联网独角兽们推倒、颠覆，继而改造。

20世纪90年代开始，先是信息获取的渠道从传统的纸媒开始演变成为互联网信息平台；进入21世纪，人们购买商品的方式逐步从传统的线下商店转变为越来越高频的网购；最近几年则是各种生活服务——衣食住行无不开始通过互联网来获取；互联网金融服务，尤其是移动支付等消费互联网金融业务随着各个消费产业朝着互联网服务的大趋势进发而蓬勃发展起来；而在信息、商品、衣食住行等生活服务的基本要求被满足了之后，人们的文化娱乐生活也都纷纷开始互联网化——音乐、影视、文化、旅游、教育等行业都涌现了越来越多的互联网独角兽，它们用更加便利的方式、更低的成本为消费者提供服务，颠覆了以往的商业模式。而随着海量信息越来越透明，大数据越来越成为各行各业重要的生产要素，消费互联网金融大面积普及，共享经济也开始大行其道，通过平台式、共享式的服务大大降低原有产品和服务的价格，已经突出地反映在了出行共享、旅游民宿共享、私家车共享、知识共享、专业咨询能力共享、办公室共享等多个领域，未来还会演进至更为广泛的领域。

互联网和大数据的应用在消费领域已经明显地渗透到了人们生活的方方面面，更多的产业乃至传统的工业领域也纷纷开始"+互联网"。传统制造业正在改变以往的产品开发、生产、销售、服务的流程，通过用户大数据分析进行反向定制的案例已经发生在信息技术、家电、时尚、家居、快消等多个行业，原来互联网难以渗透的服务行业也在互联网化或智能化，如汽车行业，其售前、售后、租赁、二手等一系列的消费和服务链条比较长，通过利用互联网技术、大数据分析，整条产业链的各个环节都有机会为客户提供更好、更精准、更贴心的服务，还可以提升自身的运营效率。工业互联网平台正在借鉴消费互联网的平台发展模式，目前在航空航天、工程机械、轻工业等工业领域已经有了一批创新应用，基于海量工业数据的价值挖掘，形成支撑生产智能决策、业务模式创新、资源优化配置、产业生态培育等的开放服务平台。

很明显，原有的经济和市场格局正在发生巨大的变化，很多以往极具权威和曾经创造出极高价值的商业模式，面临到达原有模式的顶峰或遇到发展瓶颈的巨大挑战。这是一个极为关键的时期，如果不能快速突破瓶颈、抓住转型升级的机遇，甚至下决心自我颠覆以重新激发出适应互联网/大数据/人工智能时代的创新力、建立起全新的竞争优势，这些过往的权威企业就会面临走下坡路的命运，甚至有可能像恐龙一样，由于不能适应全新的气候环境，最终导致自身的灭绝。更残酷的是，过往越是成功，转型就越艰难。这一情形提醒职场人要认真考量大环境、大趋势的变化,从而判断和做出适合自己的择业决定。

那么应该如何选择就业的行业和地区呢?最新出炉的2019年3月《中国独角兽报告2019》显示,中美两国几乎霸占了全球的超级独角兽,占比超八成。报告筛选出的161家独角兽分布于金融科技、文娱媒体、汽车交通、本地生活、电子商务、人工智能、医疗健康、教育行业、智能硬件、物流行业、房产服务等14个行业。从地域分布来看,中国的独角兽企业集中在"北、上、杭、深",其中北京保持领先。这4个城市无论是在经济发达度、制造业成熟度、人才质量、政策优惠度,还是基础设施完善度等各方面都处于全国前列。2018年独角兽在四城数量占比达85.7%,估值占比达94.5%。其中,北京独角兽企业共74家,总估值近3000亿美元;上海共34家,总估值1300多亿美元;杭州共16家,总估值近2000亿美元;深圳共14家,总估值约500亿美元。发现潜在的独角兽企业就如同发现了新的宝藏,资金和财富都会朝着这些还未被发掘的蕴藏着宝藏的地方涌来。在政策鼓励创新创业的大环境下,加上更多的资金涌入,这些新兴领域中的佼佼者都会快马加鞭地发展起来。

2012年,我在索尼工作的第18个年头,我做出了一个令很多人吃惊的决定,我决定离开地位优越、待遇丰厚、工作稳定的索尼,转而加入当时规模尚小但发展迅速,却也充满争议的京东。在索尼的18年职场生涯里,我作为一名索尼人,无时无刻不为我们的品牌而骄傲,我没有一天放松自己,一切从头学起,从一个端茶倒水的小秘书,一个没有任何基础和经验的职场小白、公关菜鸟，一路学习、实践、磨炼、成长，随着索尼在华业务的全面拓展，我也开辟出了一片天地，并坐到了本土女性职员的最高职位——副总裁，这在一家拥有国际一流消费品牌的专业严谨的日本公司并不容易，也有不少同事羡慕我取得的成绩。然而，身居高位的我却越来越清楚地意识到，时代在发生巨变，中国正在经历一场前所未有的革命，这是一场足以挑战世界商业权威的革命。我仿佛已经看到，在接下来的10~20年的时间里，中国本土以互联网作为商业基础设施的企业必将崛起，必将涌现出一批优秀的中国企业、中国品牌，就像过去的亚洲优秀企业索尼那样，更多的中国优秀企业和优秀品牌一定会成为全球市场的翘楚。而我，心中再次有了一个强烈的愿望，我希望加入这一伟大的进程，用我十几年来在跨国公司所学到的知识、技能、思考方法和积攒的经验，尽我所能地帮助中国本土企业面向未来，蓬勃发展。

我记得2013年1月15日是我正式加入京东的第一天，离开索尼、加盟京东的消息一传出去，原本安静的微博账号一下子涌来了无数留言和评论，好多家媒体的记者朋友也纷纷给我打电话、发短信，他们无不对我的这一选择表示惊讶，大呼想不到。记得我在当天接受《新京报》的采访时说了这样一句话："电子商务不仅是快速发展的行业，也是不可逆转的趋势。"后来几年的经济数据证明了我当时的预言：2012年中国网络购物的规模达到了1.5万亿元；2015年中国超过美国成为全球最大的网络零售市场；2018年中国网络购物的规模已经突破了 9 万亿元，是 2012 年的 6 倍，这在全球经济发展史上都是一个巨大的商业奇迹。

现在回首往事，我只觉得自己看到大趋势时已经为时太晚，在一家企业工作 18 年后才决定要彻底转型、从头再来，其实是非常不容易的。但是，经历了在本土互联网创业企业 6 年多的打拼，经历了无数个日日夜夜脱胎换骨般的学习、锻炼、成长和磨难之后，我不仅从未后悔当初做出的这一选择，而且今天的我认为，什么时候从头再来都为时不晚。我为自己敢于走出舒适圈，迈向一个全新的领域，敢于尝试全新的事物而骄傲。我也一直非常感恩京东的创始人刘强东先生当时对我的知遇之恩。是的，我就是这样义无反顾地跳上了一列疾驰的列车，奔往了充满未知的前方。我觉得我们每个人都应该紧跟时代的趋势，找准自己的定位，做出让自己不断成长，也适合自己发挥才能的职业选择，一路向前。

2

努力创造更多价值

很多人遇到"麻烦事"会选择机灵地躲开，而我却选择第一时间扑上去并坚守在处理"麻烦事"的第一线，直到将其解决，坚持做一个靠谱的公关人。

　　每一个"麻烦事"都是一个疑难杂症，要想解决得漂亮，需要有更宽的知识面、更多的内外部资源、更勤奋的工作态度、更专业的能力和更精湛的手艺。更重要的是，这些事让我有了越来越多的责任感和使命感，让自己与公司共命运。

积极的工作态度最终将成就自己

回到 25 年前的 1994 年 4 月，当时的我怀着一种对未来的憧憬迈入了索尼公司驻北京办事处的大门，成为索尼中国区总代表的秘书。然而，秘书的工作肯定是不能满足我的。我开始给自己寻找新的机会。从来来往往的总部客人和安排的众多会议中，我发觉，在索尼建立中国业务版图的过程中，其对中国的知识和经验非常缺失，而对于公司来说这些内容又非常必要。于是，我开始规划通过提炼总结各大媒体的信息，为公司制作专属的英文资讯简报。为了做好第一期简报，我周末跑到公司加班。当时互联网还没有被广泛使用，我翻着各种报纸，报纸摊满了办公桌，我拿贴条标注我认为有价值的信息，把中国宏观经济形势、电子产业的最新政策、国内消费市场新热点、主要竞争品牌的动态等与公司建立在华业务相关的信息摘选出来，做成英文摘要，并自己设计了资讯简报的版式，以便让其看上去是一份像模像样的刊物。当时并没有人要求我做这件事，但是我做得非常认真。我周一一早把我做的第一期英文资讯简报发给老板，没想到不出 10 分钟，老板拿着打印出来的英文资讯简报冲出办公室，兴奋地说："这个很不错啊!"直到现在我还清楚地记得老板从房间里兴冲冲地快步走出来的那个瞬间，我感觉自己的努力得到了认可。当时的索尼北京代表处职能非常有限，而这也恰恰能够让我们有更多自由发挥的空间，我不断学习，并主动寻找机会，想方设法做出一些对总部和代表处更有价值的贡献。

可能看到我是可塑之才，我们当时的人事经理，一位从索尼美国总部回来的国际范儿职业经理人，有一天约我谈话，她跟我说："在索尼美国总部有一个部门名字叫'Corporate Communications'（在中国一般译作'公关部'或'企业传播部'），全公司所有对外的宣布都是由这个部门负责，公司 CEO 对员工和公众传递的所有重要信息也常常会由这个部门进行规划、起草、审核。等索尼中国公司正式成立了，你可以试着开展这项工作。"我愉快地答应说："我非常愿意学习新的知识!"这次谈话后没多久，我们代表处就收到了索尼集团总部的邀请信，希望我们北京代表处也派一位同事前往总部参加全球公关会议，很幸运领导派我去参加。我在索尼公司总部参加的第一场会议震惊了我，一个大会议圆桌围坐了 20 多位来自世界各地的同事，竟然有 14 个不同国家的代表，简直像以前只能在电视上看到的联合国会议一样! 会议语言、资料文件、会议组织者全部用英文，我开始感到前所未有的兴奋。

这次简短的谈话和第一次参加索尼全球公关会议的机会促使我正式进入了公关领域，一干就是20多年。进入公关行业让我逐渐培养了国际视野、全局观、战略思维和决策能力，也让我有机会与众多在思想上高屋建瓴的媒体总编成为好友，正所谓"谈笑有鸿儒，往来无白丁"。这些交往也让我对更多的知识越来越抱有好奇心，并越来越感到学习的快乐。中国当代学者、著名作家王小波曾说："一个人倘若需要从思想中得到快乐，那么他的第一个欲望就是学习。"除了个人精神上获得巨大的收获以外，这20多年在公关行业的浸淫还带给我数不清的惊喜激动，也有不少的酸甜苦辣，更经历过无数次的雨打风吹。人生就是体验，这些体验对我来说真是妙不可言；人生还是历练，这些历练于我而言也都成了财富。我至今非常感恩这位人事经理对我的器重和在职业发展道路上给我的指引，她让我有机会推开一扇门，闯进一个全新的世界，从一个"零公关经验"的职场小白，一路成长为一名自信笃定的资深公关人。

越主动去做新的事情，你就越幸运

1996 年，随着索尼中国的正式成立，我们正式成立了"公共关系部"，我是当时唯一的职员。我开始和中央电视台的一个栏目谈拍摄公司宣传片这类事情，觉得这项工作很有意思，以为这类事情大概就是公关工作的全部内容了。可是没多久，我们就遭遇了一场真正的"公关危机"。一家北京媒体在 3 月 15 日当天的头版报道顾客投诉我们的产品，标题是足以令人感到震惊的"状告索尼"；紧接着，在记者了解情况时，售后经理不经意间说的一句"北京空气脏"（所以磁头更容易落灰致使音响出现故障）又被媒体当作标题，放在了头版中间醒目的位置。媒体抓住国际名牌的各种沟通漏洞穷追不舍，派出了一名非常执着的年轻记者每天来公司采访。有一次这位年轻记者在等待时还拿相机拍了办公室里的挂钟，回去写了一篇报道，说等了一个小时公司负责人也没有出来接受采访——其实是她根本就没有预约。

当时，我这个公关菜鸟哪懂什么危机公关啊，而且负责处理这件具体的顾客投诉的部门在当时并不属于我所在的索尼集团驻中国的办事处，我作为一个没有任何职权的普通小职员，对于其他分支机构里发生的一件顾客投诉所导致的媒体报道应该做什么呢？我虽然职位卑微，而且按理说无权过问其他分支机构的工作，可我却把自己的责任想得非常重大，我觉得这件事关乎索尼公司的声誉和索尼的品牌形象，虽然我也是糊里糊涂地刚刚变成一个从事公关工作的人，但是这应该是我职责的一部分，我必须努力帮助公司解决这次的危机。

于是，为了处理这件事，我主动和相关产品部门、售后部门的同事联系，搞清楚了所有事情的来龙去脉和细节问题，再给总部公关部和中国区领导写汇报邮件，建议相关业务部门拿出具有针对性的方案来解决发生在北京的这个特殊案例，同时，建议公司相关人员接受媒体采访前需要经过讨论和领导批准。所有这些核实事实的工作和统一发声的建议都是凭当时的直觉和责任感去做的。后来我拜访了那家媒体，与媒体诚恳沟通，直到安排领导拜访副总编，以非常诚恳的态度把事实和解决方案跟媒体彻底沟通清楚。

索尼是一家世界著名的消费电子公司，索尼中国成立后，每年发布的产品越来越多，销量越来越大，消费群体也越来越广泛，随之而来的大大小小的消费和售后问题也多了起来。

问题和危机管理一直以来都是公关工作中非常重要的部分，它会涉及诸多方面，大的方面例如中日关系波动、宏观政策环境和政府规定的变化、产品本地合规，日常则会有大量的顾客售后服务和投诉，而与内部管理相关的问题处理也很多，例如合资企业及关联公司的事情、员工关系等一系列问题。仅仅是产品方面，索尼中国发展 10 年左右的时候，每年会发布超过 200 款新品，囊括音视频、IT、数码、影像、手机、游戏、电池等，各产品的设计、功能、使用、服务等各个细节都需要及时关注顾客的反馈。

简单说，这部分公关工作就是要常常处理人们所认为的大量"麻烦事"。我的心态则非常积极，每每遇到"麻烦事"，我都以迎接挑战的心态第一时间扑上去了解最真实的情况，刨根问底地挖出蛛丝马迹，与有关部门的同事们一起紧密合作，和媒体保持诚恳适当的沟通，将每一件事情跟进到底，直到结案。一方面，我有一股子认真劲儿，凡事都要弄清情况并志在解决问题；另一方面，我认为这些"麻烦事"的发生正是我要发挥专业作用、体现不一样价值的时候，每每遇到公司声誉或品牌形象受到威胁的时候，我都仿佛清晰地听到自己的内心有一个声音，越到具有挑战性的时候，这个声音就越响亮——"公关人的使命就是要像保护生命一样保护我们的声誉和品牌"。所有的"麻烦事"都必然是一堆乱麻。我必须尽最大可能在一堆乱麻中理清头绪，抓住事实的根本，并以最快的速度协调相关业务部门和法务部门，共同拿出最适合的解决方案，然后得到高层的批准，对外发声，从而最大限度地维护公司的声誉和品牌形象。这正是一名公关人所要承担的责任和需要具备的使命感。当然，光有愿望和热情是远远不够的，为了做到在危机管理中忙而不乱、紧张有序、统一管理发声，我着手逐步建立了公关联动服务、法务等部门的危机管理机制和体系，并与公司总部和全球公关网络保持及时联动，确保每一个"麻烦事"出现后，我们都能在内部快速共享信息，及时跟进和更新事件的发展，做出重要部门均参与专业意见的统一决策、解决方案和对外声明的口径。

"麻烦事"的出现不分周末、节假日，清晨还是夜晚，我做公关20多年来，每每遇到情况，我就仿佛打开了一个特殊的开关，都会第一时间放下手头的事情，一头扎进"麻烦事"中进行处理。很多人遇到"麻烦事"会选择机灵地躲开，而我却选择第一时间扑上去并坚守在处理"麻烦事"的第一线，直到将其解决，坚持做一个靠谱的公关人。这些事在过往的20多年中确实也给我带来了不少烦恼，但同时也练就了我面对各种危机时都可以保持沉着、理性、专业的敬业素质。每一个"麻烦事"都是一个疑难杂症，要想解决得漂亮，需要有更宽的知识面、更多的内外部资源、更勤奋的工作态度、更专业的能力和更精湛的手艺。更重要的是，这些事让我有了越来越多的责任感和使命感，让自己与公司共命运。

我每每在面对困难与挑战时，都会以锲而不舍的精神保卫公司声誉和品牌形象，与公司共渡难关，在不知不觉中，我逐渐获得了管理层和总部更多的认可和信赖。而我自己则认为这些都是职责内应当做的,对于因此而被他人认可也是浑然不觉。有好几次当领导跟我说"你被提升了,而且还是跳级提升"的时候,我都非常惊讶和惊喜,感觉天上掉下了一张馅饼。所以,我的经历告诉我,当我们选择去主动拥抱更具挑战的任务的时候,其实我们已经走在了更加幸运的道路上。

勇于承担责任

"有客户要在武汉最繁华的广场砸索尼电视！"华东售后服务的同事慌慌张张地在电话里跟我诉说着最新的"麻烦事"。事情的起因是一位湖北的顾客投诉索尼的一款电视机，其实电视机本身没有任何质量问题，他投诉的点是产品功能与宣传不符，要求高额赔偿，并且说他代表了70多位同一机型的索尼电视机顾客就此事对索尼进行集体索赔。仔细了解情况后，我发现问题出在某一份产品宣传册上，产品宣传册里面有一页印着密密麻麻的电视机产品功能表，其中有一个几乎从没有人使用的、非常边缘化的小功能，在功能表里本该画删除线（表示该型号没有这个功能）却标成了圆点（代表该型号有这个功能）。说实话，谁都没有注意到这个边缘化的小功能，也从没有听哪位消费者说过要专门使用这一功能，怎么就一下子冒出了70多人全都要求针对这个功能的标注错误来索赔呢？

当时的时间是 2 月底，"3·15"国际消费者权益日马上就要来临。此人在电话里威胁说，如果不答应给他所代表的 70 多位顾客高额赔偿，他就在 3 月 15 日当天在武汉最热闹的广场把这台索尼电视机砸毁，并让所有当地主流媒体报道此事。

据售后服务的同事说，此人已经纠缠多次，服务部门之前也给了他多个比较合理的解决方案，但是他就一口咬定要求高额索赔，不答应就当着媒体砸电视。

我感到这个案例不同寻常，投诉人精通产品细节，熟悉法律规定，代表数十名客户进行高额集体索赔，还有明确的意图策划热点事件吸引媒体报道，必须马上赶赴现场解决问题。公关人的脑袋里都应该有一根天线，一旦检测到不同寻常的信号，就要立刻按照高级别危机事件进行处理。我的天线检测到了这个案子的危险信号，我当即做出决定，公关需要与售后服务、法务共同组成危机工作小组，赶赴当地解决问题。我马上给公司领导写邮件，主动请缨带头组织专项危机公关小组去解决这个危机事件，而此前公司并没有这样的先例。我的提议获得了公司领导的批准。于是，我和售后服务负责人、一名在处理消费领域纠纷方面有经验的律师、一名熟悉湖北当地情况的公关公司负责人一起，乘坐第二天的早班飞机赶赴现场。

到了当地，顾不上休息，我们立即分工协作展开了调查，白天走访公司同事、经销商、商场售货员，公关和售后服务分头约见媒体，与当地消费者协会沟通情况、听取建议。晚上大家聚在一起分析案例，研究相关法律规定和实际情况，制定下一步策略和行动方案。经过多方密集的调查取证和情况的汇总分析，我们认定这次是被一位所谓的职业打假人盯上了，他是趁着商场售货员交接班或者忙其他事情的时候，从抽屉里偷走了顾客送货信息记录本，联系上了70多位顾客，然后跟每个人说他会替大家向索尼索要赔偿分给大家，他再从中赚取利润。

我们四人工作小组赴武汉工作两天之后，最初接手并负责此事的那位售后部门的负责同事可能受到了我们这种主动承担责任精神的感召，也从上海赶了过来。可是之前他却从来没有打算赶赴当地解决这件事情，前前后后在电话里拖了两个月，直到情况变得越来越糟，要出大事了，才慌慌张张地给当时负责公关的我直接打电话预警。他为我们补充了之前与此职业打假人沟通的更多细节，这对我们工作小组来说非常有帮助。我们做了更充分的准备后，决定一起赶赴这位职业打假人所在地湖北仙桃，并准备了几个预案，包括谁与职业打假人当面会谈，如果他拒不出现的话我们怎么推进解决，等等。最后，这位职业打假人没有按照他的承诺出现在我们面前，我们对此早有准备，马上实施第二个方案，通过当地朋友的帮助联络到当地公安机关，由公安机关出面帮助从源头平息这起有巨大潜在风险的危机事件。

与此同时，我每天晚上用英文给公司领导写邮件，汇报此事的调查过程、危机工作小组做出的关键决策以及事件进展，售后服务负责人也根据具体情况拿出了针对顾客的合理解决方案。深入现场办案，又有专业的律师和本地资深公关人的辅助，我们很快解决了这次危机。

事情解决后，这位后赶来的售后部门负责同事对我们说："幸亏我们过来了，不然通过电话沟通是不可能解决这个案子的。真佩服你们当初的决定和快速行动的能力！"

所以，公关从业人员常常是在危机马上就要出现的最后时刻，甚至是危机已经发生了才被通知"发生媒体危机了，你们上吧"，如果当时我们没有及时组成专业团队到现场去了解情况并一步步挖出线索再摸到源头，一举解决这个背景复杂的事件，如果我们仍然按部就班地通过电话、邮件没完没了地跟同事来回踢皮球，很可能会导致错过了解决问题的最佳时机，那将为公司的声誉和品牌带来极为负面的影响，并且越到后面，解决问题的成本会越高。

在这次事件之后，我再次强化了之前制定的危机管理机制，请售后服务部门除了在紧急情况下要立即知会公关、法务外，平时也进一步加强定期沟通最新信息的机制，以便及早发现潜在风险的苗头，及早化解，尽量让风险管理代替危机管理。

根据我多年的观察，绝大多数职场人会选择按部就班地完成自己的分内之事，不会选择更主动地承担更多的责任，因为那样一方面会给自己带来更大的压力，另一方面，主动去承担更多责任的人一定需要付出比平常多出几倍的努力才能达成目标，因为在常规的系统运行下，多承担责任往往跨越了部门的界限和既定的流程，必须要做大量的沟通和协调工作，还需要有智慧和技巧来获得他人的跨部门配合。也许有人会问，我们完成分内的工作难道有问题吗？没有问题，但是缺乏主动性的人是绝不可能在众多职场人中脱颖而出、迅速成长为领导者的。

那么到底应该在什么时候主动去承担更多的责任呢？有没有一个明确的分界线？我的回答是，没有明确的分界线，其实你只要认定一个大的原则，这个问题就迎刃而解了，那就是每个职场人不管职位高低，都应当以公司的大目标作为自己的目标，而不仅仅是完成自己小部门给自己设定的小目标就万事大吉，对其他事情采取"事不关己、高高挂起"的态度。在上面的案例中，尽管每个人都知道公司的品牌形象对于公司来说是至关重要的，但是到了实际工作中，并不是每个人真的能够付诸行动去尽自己最大的努力维护公司的品牌形象，尤其是当遇到像上面这个案例这样特殊的情况时，要想达到"很好地维护公司的品牌形象"这样一个大目标，相关部门同事需要付出的努力就远远超越给他们规定的职责。很多时候我们看到的是：售后人员在处理这类事情的过程中照本宣科，按照原则和常规的相关规定处理；处理后无效也许会出大事；出了大事之后，售后、法务、公关等各个相关部门还是马路警察，各管一段。如果大家都这样工作，是永远无法达到"很好地维护公司的品牌形象"这个大目标的。

凡是经常选择主动和勇于承担更多责任，哪怕需要经历千难万险、克服重重困难也要达成公司大目标的人，都是与公司共命运的人，这些人往往能够展现出他（她）的责任感、承诺和领导力潜质，这样的人终会从众多普通员工中脱颖而出。

积极拓展边界

索尼中国刚成立时，我们的公关团队仅有两三个人。随着业务的极速扩大，索尼的全线产品都要开始在中国市场销售。索尼是一个产品公司，要想把公关工作开展起来，我们就不能仅仅局限在企业层级，而是要帮助各个业务部门去做公关。于是我们开始与所有的业务部门负责人开会，表明我们能够帮助他们做些什么。先从第一个手机产品发布会开始，为了做好这个发布会，我们的小团队做了充分的准备，首个新品发布会做得有声有色，这相当于在公司里打了一个广告，逐渐地，我们开始接公司里面所有产品线的新品发布会的活儿。

那段时间正逢索尼公司的各个产品线都开始积极地在中国推出新产品，加上我们非常主动地去和每个业务线沟通，表示我们可以帮助他们做好新产品发布的工作，我们的工作量突然急剧增加，而当时我们的团队也才只有 4 个人，大家忙得晕头转向。

记得有一次，我负责帮助存储部门准备 Memory Stick（记忆棒）在中国首发的新品发布会。这个发布会宣告这一全新的、革命性的消费电子存储产品正式进入中国市场，对于存储部门来说这是一个非常重要的发布活动，可是这个部门以前没有在中国市场做市场活动的经验，过程中出现了很多令我意想不到的大大小小的问题。最要命的是，由于海关清关的问题，直到发布会开始的前一天晚上，所有计划在发布会上展示的新品样品还没有到货。海关清关这件事原本不是我负责的事情，可是当我认识到这件事将会严重影响发布会的举办时，我立刻把精力放在了产品清关送货这个环节，我急得到处联系人。一番努力之后，终于搞定。第二天上午，在发布会开始前的两三个小时新品样品被送到发布会现场。第二天一早我就去了会场，一边测试发布会中要使用的音视频设备，一边焦急地等待新品样品的到货。

为了做活动顺利，我通晓当时市场上所有主流的音视频设备，并随身携带四五种音视频设备的接头以应对索尼摄像机（播放视频用）与不同酒店音视频系统设备的连接，基本没有失手过。结果那天特别不巧，我发现我带的几种接头在当时那个酒店全都用不了，大屏幕上只有视频画面，声音却无法通过酒店的音响系统播放出来。幸运的是，酒店附近不到 5 公里处就有一个商场销售各种电器配件和接头，我立刻飞奔到附近的商场，比对着买了一个适配的接头立刻赶回来。这时新品样品刚好到达，没想到是足足超过两立方米大木箱的货，难怪海关清关费劲。当时已经是中午时间了，而我们的发布会下午两点就要开始，我赶紧找到酒店的一位负责人，请他帮忙多叫一些服务员，务必在半小时内把两个大木箱和里面的所有展示用品和新品样品包装全部拆开，把所有展示架和新品样品取出来，同时把现场清理干净。与此同时，我也利落地把视频、音频线全部连接好了。一点半，所有产品样品的展示已经基本搭建摆放完成，开始做最后的清理，正在同步紧张进行的现场排练也到了尾声。

两点，发布会准时开始。这个发布会由我来主持，发布会开始前10分钟我才急匆匆地换上主持人的服装，我拿着早已准备好的主持稿走上了讲台，好像之前的两个小时什么也没有发生似的，我开始款款地致开场词，然后顺次邀请领导发言、业务负责人介绍新品。我的脑子里谨记发布会的完整流程，每一分钟的流程和它们所对应的灯光、音响和视频效果，上台的人员以及大体发言内容等。当来自索尼总部的那段令人赏心悦目的新品介绍视频播出时，我听到了整个会议大厅里面都充满了美妙的音乐和优美的解说词，此时此刻，除了我应该没有第二个人会特意注意到这个细节，作为主持人的我脸上依然挂着平静而职业的微笑，但内心里对自己说的话却是："音频接头起作用了！"只有我知道，正是两个小时前跑出去买来的那个救命的音频接头才让所有参会记者可以尽情欣赏这段不到3分钟的带有优美的背景音乐和解说词的短片。一场活动的准备就是这样，哪怕一丁点儿细节没有弄好，会议的效果都会打折扣。

我和同事们早就对接好了新闻稿、领导发言稿、媒体接待、发布流程、媒体采访等一系列工作，发布会井井有条地进行着，媒体记者被新型的存储产品吸引，纷纷在新品展示架前拍照和询问细节，前来参加发布会活动的记者恐怕也没有人知道，就在这场发布会开始前15分钟，我还穿着运动鞋上蹿下跳、跑来跑去；而颇受关注的新品样品和亮丽的展示架也才刚刚摆好、擦净。

这次新品发布活动获得了非常不错的媒体报道效果，为 Memory Stick 进入中国市场打响了第一炮。这次举办的只是一个中小规模的发布会，那时候，几乎每一个这种规模的发布会活动，事无巨细全都是由我们公关部 4 人小团队准备。我从那时起养成了对每一个公关活动事无巨细地准备和检查的习惯，例如，要是看到投影仪投到屏幕上的显示不够方正，我就会马上进行梯形调整，如果这个投影仪是悬挂在屋顶而手头又没有遥控器，我甚至会立马爬上会议桌用手去按机器上的按钮把图像调方正。索尼是一家音视频公司，办任何活动都特别喜欢用索尼摄像机来播放视频，我们中小规模的活动并不会请专业的 AV 公司（影音公司）服务，那个年代还没有统一的 USB（通用串行总线）接口，我有一个随身携带的包，里面全是各种专业和民用的音视频接头、电线、电缆，无论去哪个酒店办活动，我们都能让随身携带的索尼摄像机播放出视频，让配音和背景音乐响彻整个会议厅。而针对每个活动我们都会做出非常细致的流程表格，活动每一分钟的流程及其所对应的讲话内容、灯光效果、音频和视频效果以及工作人员的分工都会清晰地标注在表中，团队照此统一行动，忙而不乱、精准把控。对细节近乎完美的追求是我当时对自己所负责的每一项工作的要求。后来索尼中国区董事长，也就是我做秘书时的索尼驻中国区总代表对我们团队说："我们的发布会活动都是 handmade（手工作坊打造的），你们的工作很不容易。"

由于我们公关部的小团队全力帮助业务部门做好每一个产品发布会，并且表现得相当敬业和专业，我们很快就被越来越多的产品部门认可，这下不用愁没活儿干了。可是眼看团队压力越来越大，快要撑不住了，于是我开始思考，我们的公司在中国到底需要一个什么样的公共关系部门。

只有更深入地了解业务，才能知道公司到底需要我们做什么，我们到底能为公司创造什么价值。于是，我找到了一些业务线的负责人，一个个地了解他们全年的计划以及未来两三年的打算，并根据这些信息进行进一步分析。越想越觉得需要做的事情太多了，公共关系完全可以发挥更大的价值。于是，我在百忙之中抽出时间，反复思考着我们这个小小的公关部门的战略发展方向。

我当时仅仅是一个普通的经理，即使我已经是公司绝无仅有的从主管跳过副经理直接提升到经理这个职位的管理者，我的这一职位仍然是管理者中职位最低的，没有老板要求我做部门的战略发展规划。况且，当时的公关小团队在公司里也没有被认为是一个重要的职能部门。但是我觉得我必须提前想到下一步我应该去做什么，力争工作"超出他人的期待"是我当时对自己的要求，我不想一味地等着上级指示再往前行动，希望能多发挥自己的主动性，并且，我认为这件事已经势在必行。

　　经过反复思考，我终于画出了一个看上去有点儿高级的公关部组织架构图，在向董事长、总裁的月度汇报会上，我阐述了自己的想法。我们需要一个 Matrix（矩阵式）公关组织，这个矩阵式组织的纵向代表了我们的专业能力，由服务于总部、公司层级、各业务板块（分为专业、消费电子和部件等）和各消费电子产品线的专业公关人员组成；横向则代表了我们需要具备的平台能力，由公关部集团总部负责管理，由各产业条块媒体沟通人员以及各区域负责媒体沟通和本地公关活动的公关人员组成。功能应该是我们能够为公司业务发展创造价值，主要聚焦在咨询和服务两个大的方面，一方面为集团和中国区最高管理层提供专业的公关咨询服务，需要具备宏观局势的分析、把控、判断、决策和提供战略公关解决方案的能力；另一方面为所有的业务部门提供基于具体业务需求的公关服务，目的是通过灵活的公关手段和对应的媒体资源有效地支持业务的发展。这两块的绩效评估机制应该是有所不同的，我主动提出，第二块即服务的部分，应该由业务部门参与对公关部门工作的绩效打分。我还提出，公司在全中国都应该有统一的对外发声管理，需要开发出一整套公司对外发声的原则、危机管理准则及操作方式，从董事长、总裁到每一名员工，都应该遵循这些原则和准则，因此需要对公司管理层以及所有的业务板块、在华工厂、关联机构的相关负责人进行培训。但有一个问题，就是相关工作的负责人全部散落在各个机构、工厂，他们的汇报对象也都是各个不同的机构负责人，为了最好地维护公司的声誉和品牌形象，需要让各个机构的公关专职或兼职人员组成一个虚拟的网络，由总部公关部门对他们进行专业上的统一培训、支持，以及相关专业事务上的管理介入，只有这样，总部的原则才能够顺利地传达和贯彻下去。

我当时的感觉是，显然，董事长和总裁没有想到我一个小小的部门经理主动规划了整个部门的管理架构和运营思路，这应该是高级经理或者总监做的事情。他们有一点吃惊，于是提出了很多问题，而我是有备而来的，我不仅参考了索尼集团在总部和美国市场的公关管理和运作方式，还考虑了中国市场的特色以及公司在中国业务发展的进程。之所以参考美国市场而不是欧洲或其他市场，是因为我当时认为，在全球范围内中国市场与美国市场的情形最为相似。但是，我提出的关于成立媒体沟通和管理平台的建议，当时并没有得到领导们的批准，原因很简单，公司在日本和美国两大运营最为成熟的市场都没有这个功能。以我当时一个小小的本土招聘的女性经理的地位和能量，是没有办法改变领导们的想法的。

不管怎么说，我们可以先往前走一步，管理层同意让我去扩展更加专业的公关团队，这对于我来说已经非常不容易了。我们逐渐吸纳了能够更加专业地开展相关业务领域公关工作的人员，扩展了多个垂直领域的媒体沟通工作，建立了北京、上海、广州、成都的区域公关团队。我非常清楚，扩展公关团队并不意味着我们将更多地享用公司的资源，而是意味着我们需要给公司创造更大的价值，帮助公司提升新品推广的效果和投资回报率。为了把目标定得更清晰，我为企业公关、产品公关、区域公关、员工沟通等不同公关团队分别制定了不同的目标、关键绩效指标（KPI）和考核方式。其中产品公关团队的活动预算全部来自业务部门，他们的绩效绝大部分也是由业务部门打分，围绕新产品推出的公关活动必须要用更多的量化指标进行考核，包括传播量、点击率、官网吸引率、用户意见领袖反馈、投资回报率等，与销量间接挂钩。如果业务部门认为外部公关公司与我们的产品公关团队相比更有竞争力，他们可以使用外部公关公司。在这样的机制下，我们的产品公关团队压力巨大，他们曾经向我抱怨：为什么和市场部的同事相比，他们有那么多预算而我们做的每一件事情的预算都需要通过反复竞争才能获得？如果竞争不过外部的公关公司，我们就面临着丢掉工作的风险！我对他们说："你们知道吗？没有预算的团队才是最幸运的团队！如果我们在自己没有预算的情况下做出了更好的方案和效果，让业务部门愿意把更多的预算花在我们的方案上，那么我们在公司里就是最具竞争力的团队。"后来，我们的产品公关团队越战越勇，从担心会丢掉工作，到后来产品部门把越来越多的预算倾斜到产品公关，我们靠自己的能力真正做出了价值。

当然，在拓展边界的过程中，我也碰了不少钉子。曾经有一位从总部派驻到国内的电视产品总监，他一来我就约他开会，并准备了一套国内电视市场的舆情分析和索尼电视在中国市场推广的公关建议。

第一次开完会，他说："谢谢，我回去研究一下再回复你。"此后很长时间他也没有回复我。我于是再一次约他开会，并特意为他准备了最新的市场公关竞争态势的分析、各主流电视品牌的市场份额对比以及我们的公关推广建议，他对我说："谢谢，你的分析和建议都很好，可是我的部门没有人能够对接你们这项工作，我向总部汇报一下再回复你。"于是我又等了一段时间，仍然没有回复。就这样，在他任职的3年里，我至少跟他谈过5次，主动提出公关部可以帮助他做电视产品持续的日常公关工作，从新品信息、功能评测到品牌形象，保持长期的话题热度。但是基本上每次沟通后我们的建议都石沉大海，他始终只在一年一度的电视新品发布会时请我们支持一下。直到他回国后，总部又派了另一位电视产品的负责人，我们才真正开展起来电视产品的日常公关工作。但这3年中，我从未气馁，我们做了大量的准备工作想尽办法说服他。新任的电视产品负责人一赴任，我们和他开的第一场会议给他展示的市场和竞品信息分析全面而清晰，并提出了我们的解决方案，这令他感到十分震撼，当场决定拨出预算开展日常电视产品的公关传播。

我一直认为，在公司里我们一直需要自己主动找工作去做。整个产品公关的工作就是我们自己找来的，这个小组所使用的预算没有一分钱是公关部的，但是如果计算一下，这部分应该会占到整个公关部全年项目实施预算的80%以上，这部分工作的开展给公司带来了许多好处：第一，总部公关团队能够深入地了解公司各个业务板块、各个产品条线的业务，这为我们开展公司整体的品牌形象管理、危机管理都创造了最好、最充分的条件；第二，产品公关这个手段已经成为业务部门整体市场推广策略组合中的一个重要部分，它所花费的预算不多，却能够帮助产品部门塑造和建立产品品牌及子品牌的形象，建立用户意见领袖圈层，吸引大量喜爱品牌的粉丝，提升市场推广的效果和效率；第三，在公关领域消除了业务部门与总部职能部门之间的部门墙，让重要信息的流动更加通畅，确保了关键信息对外传播的一致性、敏感信息管理的统一性、风险信息管控的及时性；第四，产品公关团队得到了最好的锻炼，在自己部门没有预算的情况下，我们的产品公关团队有一种强烈的危机感，因此大家格外努力，一方面不断认真学习业务，深入了解业务诉求，另一方面在方案的准备上不断提升竞争力，不仅整个团队成长更快、历练更多、收获更大，而且带动了整个大公关部积极向上的氛围。

在不断建设和提升产品公关部竞争力的同时，我也并没有放弃在索尼中国区总部成立媒体沟通与管理平台这个想法。

世界各国的社会环境差异对跨国公司的全球化管理形成了巨大的挑战。很多在跨国公司任职的人会选择完全遵从总部的指示，在中国市场照本宣科地做一个和总部一模一样的组织。所以你可以看到跨国公司在中国市场做出奇怪的事情的情况比比皆是，尤其是在中国发展时间比较短的跨国公司。而因为水土不服最终选择离开中国市场的跨国公司也不在少数。

中国的市场化、商业化时间比较短，在很多方面我们肯定需要向跨国公司的总部或者其他成熟市场学习，例如，我前面建议的做统一发声和危机管理的准则，以及为各个专业业务条线进行公关服务的配置就是参考了总部和索尼美国公关部的运营规范和组织架构进行的规划。然而，我之所以建议在中国专门成立一个媒体沟通和管理平台，则是充分考虑了中国市场的特点，中国媒体众多，不仅分中央和地方媒体，分体制内和商业化媒体，还有无数产业和垂直行业媒体，后来还涌现出了大量的意见领袖，我们只有花更多精力、更加深入地去与媒体进行沟通，才有可能产出更多更好、更加丰富和个性化的报道，从而将公共关系为公司创造的价值最大化，让索尼的品牌、各业务和产品线的关键信息通过广泛而深入的传播传递到我们希望触达的受众和消费群体。否则，如果只是跟随总部指示、单纯听从业务部门的要求进行内容创作和举办公关活动，很容易变成单方面的闭门造车、自我满足，对于媒体来说，他们所拿到的信息则有可能是一些大路货，并未考虑到具体媒体的定位和读者群。

然而，无论是索尼日本总部还是已经发展得极为成熟的索尼美国的公关部门，都并没有专门设立一个媒体沟通和管理平台。我分析了国内媒体的具体环境和特点后提出了更适合中国市场的管理方式。为了让日方管理层认同我的想法，我在汇报时举了一个例子，于是我们有了以下的对话。

我："我上周去杭州出差拜访媒体，一共拜访了 10 家媒体、45 个人。中国地域广阔，您可以想象，假如我们管理 20 个杭州这样规模的城市的媒体沟通的话，就需要管理 900 名媒体记者的沟通。"

管理层："你为什么需要见 45 个人呢？"

我："我们拜见了 10 个媒体总编／副总编，12 个产业对口的编辑部主任／副主任，23 个与我们不同业务线相关的跑口记者，他们每个人在传播链条中都是不可或缺的，他们同时也是我们在中国最值得深入沟通的意见领袖。"

管理层："你接着说。"

我："那么这仅仅是一个杭州，如果我们看上海呢？显然上海的媒体数量更多，可能是杭州的 3~5 倍；如果我们再看北京呢？北京是全国媒体的聚集地，大量的中央媒体、各个行业媒体总部、互联网媒体总部都在北京，以我们的品牌和业务覆盖的范围，我们需要接触的媒体人数量可能是杭州媒体人数量的 8~10 倍。虽然我们并不需要接触中国每一家媒体，但是索尼作为一个大众消费品牌，又拥有如此宽广的消费产品线和越来越多的新产品，我们希望让中国千家万户的消费者都能更好地认知索尼品牌、了解我们的新产品——它们有电视、随身听、数码相机、音响产品、手机等，我们在中国的消费群体是上亿的中国客户，扩大消费者对索尼品牌和产品的深入认知将对业务非常有帮助。"

管理层："可是我们也会投放很多广告来覆盖更广泛的人群。"

我："与我们单方面推出广告、花钱购买版面相比，公关是一个靠人与人的沟通来获得媒体专业人士认可的技巧性很高的手艺，因此，媒体人如果认知和认同我们的企业价值观和文化、品牌精神、独特的技术创新并把它们写成报道，人们阅读到这些信息以及客观评价索尼新产品的文章，其效果往往会比广告更有说服力。获得这些并不需要花太多预算，但是这需要花更多的精力，并且要具备专业的能力。"

管理层："那你打算怎么做呢？"

我："媒体沟通其实就是靠人。目前我们已经有了各主要垂直行业媒体沟通的同事和各区域的同事，我们现在只需要在总部公关部再增加一名高级经理，负责把散落在各处的媒体资源集中到一个可视的平台并进行更有策略的综合管理，这样我们将可以根据公司和业务的需求，以非常清晰的策略去进行针对性的媒体沟通，产出更丰富、个性化的传播结果。有了平台式的综合管理，我们还可以通过监测、观察、评估，逐年提升整个团队沟通的效果，而目前沟通的随机性非常强，很难进行管理和提升。"

我坚持不懈的内部沟通最终赢得了中国区管理层和总部的认同，后来我们在这个概念下着手建立了公关部内部的数据库，将沟通管理体系化、可视化，并进行质和量两方面的衡量，而对团队进行的考核和下一年工作改进的管理，通过这个体系也变得非常有依据。这个数据库可以很好地记载和分析不同媒体报道的特点与风格，以及媒体人的更迭等大量有价值的信息，并且所有的资源最终都留给了公司，而不会由于个人的离职造成不可挽回的公司资源损失。这项工作后来由一位非常擅长媒体沟通的高级经理专职负责，在他的专业领导下不断提升媒体沟通和管理平台的工作，也更加丰富和完善了我们的媒体数据库。在我 2012 年底离开索尼的时候，公司的媒体资源已经积累到了近千名核心媒体人，恰好吻合了我和管理层汇报时打的那个比方——我们的媒体沟通覆盖面可能相当于 20 个杭州的规模。这个体系就是我们所拥有的覆盖全国的公关传播网络，我后来虽然离开了索尼公司，但是通过这项提议最终为公司留下了一笔可见的资源财富。

事实上，索尼集团创始人盛田昭夫先生曾经提出过全球本地化（Global Localization）的口号，在我回顾我建立索尼中国公共关系体系这一过程中的思考经历时，我发现，这个口号具有很高的智慧，盛田昭夫先生用了一个精练的自创词组将全球化管理和本地化管理的结合作为索尼公司全球化拓展中的指导思想，高屋建瓴地为企业全球化这个全球商业的难题指出了方向。然而，如何将全球化管理和本地化管理结合得更加完美，在哪些方面要遵从全球原则，在哪些方面要适应本地环境，以及在这两个方面实施的程度和火候如何把控，则是每一个跨国公司的管理者需要深入思考和通过实践不断创新和改进的长期课题。我此前所坚持的做法，恰恰吻合了公司创始人曾经提出的指导思想。我为自己当时能够主动通过自身的观察、分析、思考而做出方向性决策，并与管理层坚持不懈地进行沟通，最终实践了公司创始人的这一重要跨国企业管理思想而感到欣慰。

边界拓展的故事到这里并没有结束。随着互联网的蓬勃发展，2013 年初，在成为索尼中国副总裁即将满 4 年的时候，我选择了离开索尼——这个我打拼了近 18 年并最终取得了累累硕果，内心也充满了感恩的公司。2012 年底的时候，我所负责的各项工作都按照我所设定的更高目标向前推进了不少，自己也有了一些游刃有余的感觉，团队的成员也都成长了起来，形成了非常好的人才梯队。就在我可以相对比较舒适地继续我的外企职场生涯的时候，我却选择正式加盟京东集团，在公司担任集团副总裁，全面负责公关工作。这一次边界拓展的意义是非同寻常的，对我来说，不亚于一次从 0 到 1 的创业经历。那是这家本土创业型公司以几何级数增长的时代，作为从跨国公司加盟本土创业企业的高管，我的首要职责是迅速帮助京东扭转当时不利的舆论局面，并从零建立起完善的公共关系体系，支撑当时疯长的庞大业务。我又一次拼命干了起来，把自己过去十几年来不断思考的精髓和实践中积累的经验浓缩在短短 3 年多的时间里，迅速帮助京东建立起了完整的公共关系体系。在这三四年的时间里，公司以超高的速度发展，而我所带领的公关部也历经了许多以往从未经历过的事件，例如，我们支持了大量投资并购交易的海内外公布、策划实施了公司 2014 年赴美国纳斯达克上市的公关传播战役，还开展了多次大规模网购狂欢节的公关大战。当我完成了公关体系的建立后，2017年我再一次拓展了更新的边界——负责国际公关工作的开拓和体系的建立，而这次，我的边界已然拓展到了全球。

在索尼中国工作时，我被公司创始人和管理团队将这家公司从日本战后的废墟中创办的一个小作坊，一路发展成为全世界最具影响力的消费电子品牌深深地感染和激励，索尼公司是毫无争议的全亚洲最国际化的企业，也曾是全球最成功的跨国公司之一。但是更加令我兴奋的是，今天我们迎来了中国企业崛起的时代。我认定，未来十到二十年的时间属于中国，一定会有越来越多的优秀中国企业崛起于世界商业之林，也一定会有越来越多的优秀中国品牌成长为全球顶尖品牌。我希望，我能够为中国企业的这一伟大发展进程做出一个公关人的贡献。

把自己变成一块全能的积木

在 20 多年的公关生涯中，我带领团队举办了数不清的公关发布活动，规模越来越大，场面越来越炫，花样越来越多，大规模活动会请公关公司和活动公司配合，但是工作初期培养的小团队作战、干全活儿的能力一直保持到今天，随时都可以卷起裤脚下泥地干活儿，颇有"我是革命一块砖，哪里需要哪里搬"的意味。

2017 年，京东已经是中国最大的零售商、全球第三大互联网公司（按营收），它需要在原来垂直一体化的基础上进一步做开放性发展，在进行这一战略转型期间，京东提出了"积木理论"，以此来形象地描述组织的灵活性。面对未来的零售创新趋势，京东认为，零售的终极形态是"无界零售"，为了能够让组织有能力服务于越来越多元化的消费场景和越来越多变的客户需求，京东将其组织进行了积木化的改革，目的是使其变得更为灵活、敏捷。现代企业中的组织应该就像乐高积木那样，乐高有 3200 块左右的标准化积木，通过统一的接口进行不同的组合叠加后，能够拼装成任何一个你能想象到的造型——小到一辆汽车模型，大到活灵活现地重现 2012 年伦敦奥运会盛况。积木型组织具有三个特点：灵活组合、赋能开放、随需应变。后来积木理论被我应用在了部门管理中，除了组织要像积木一样灵活，人也要像积木一样全能。我们公关团队把积木理论进行了进一步的延伸解释，鼓励每个人都要有"积木精神"，根据公关项目和工作的需求贡献自己多方面的技能。

在京东开始拓展国际市场的前两年，我曾经主动发起了与世界顶级国际组织世界经济论坛的合作，其中，围绕其一年一度最具影响力的年会达沃斯论坛展开了大量的创意和创新，并取得了令人瞩目的影响力和商业价值。2018 年 1 月京东最高管理层团队第一次赴达沃斯，我们以勇闯天涯的精神和缜密的战略规划，在公司首次参加达沃斯论坛，基本不为人所知的情况下，大胆组织了自身的品牌活动，这后来被人评论是前无古人，可以说是对京东综合公关能力的一场考验。

2018 年 1 月的达沃斯论坛，共有约 70 位国家元首、数百位国际大企业 CEO 前往参加。由于各方面的诸多限制，我们能去的工作人员非常少，连我在内仅有 4 人，需要负责京东在达沃斯的所有活动、官方议程的参与、高层双边会见和全体参会高管的所有安排等。我们在达沃斯举办了一场由 50 多位世界级顶尖企业精英参加的"京东达沃斯午餐会"，这些著名的 CEO 所掌管的生意的市值加起来超过了两万亿美元。

此刻，我们每个人就像一块乐高积木，淋漓尽致地发挥着自己的灵活性。下面描述的情景只是我在众多活动中的一个剪影。在京东达沃斯午餐会的前一天晚上，一切已经基本准备就绪，作为最后几项准备工作中的一部分，我和团队的几个同事一起，盘坐在餐厅门口的台阶上，拿出我们在国内打印好名字的桌卡一个一个地折好并粘成三角形，让它们可以稳固地放在每位就餐贵宾的前面；此前我们的贵宾名单已经不断更新了十几个版本，我们准备了所有有可能参加午餐会的贵宾的桌卡。达沃斯室外冰天雪地，而室内又温暖如春，我们也给来宾准备了挂大衣用的衣架和方便他们换下雪地靴用的袋子。

第二天中午，由于前期沟通工作非常到位，来宾非常踊跃，直到当天上午还有更多的贵宾确认参加，超出了我们预想的人数，于是我们决定临时添加一张桌子，这时我们发现增加的这张桌子上好像没有京东方面的主人，到达沃斯的京东 C 以上级别的领导一共只有 5 名，于是我又马上穿上得体的职业套装，从前一天折桌卡的工作人员变成了第六张桌子的主人，招待了这一桌来自世界各地的 CEO。

第三天，京东集团创始人刘强东先生一口气会见了近十名跨国公司全球 CEO，我们小团队的每个人都忙着端茶倒水、迎来送往、拍照留念等，以确保每一场 CEO 会见都是最佳安排。虽然那时的我已经做了快 10 年的副总裁，算是一名资深高管了，在公关界也有了一定的名望，但是我从来不会在这些时刻闲着，需要时撸起袖子就干已经成为我的职业习惯，因为我一直觉得自己就是那块积木或者那块砖，哪里需要就可以把我放到哪里，并且不管被放到哪里，我都会恪守高标准的职业水准，绝不会对任何职责掉以轻心，哪怕是折桌卡，也要折得整齐划一。

2018年1月，我们遭遇了达沃斯48年以来最大的一场雪，从我们到达的那一天，大雪就没完没了地下，几乎下成了雪灾。每当夜里起来掀开窗帘看窗外的时候，我唯一的感受就是绝望！大雪纷飞，从天而降，没有一点停的迹象，当时雪夜中的绝望心情，直到现在我仍记忆犹新。大雪给我们的所有准备工作增添了很多的困难，让我们处处捉襟见肘。坏消息一个接一个，送活动物品的车辆堵在外面进不来，工人搭建和施工前需要铲掉一人多深的积雪才能正常干活儿，每一项工作都在几小时甚至一整天地拖延，而这个聚集了全世界顶级精英的大会很快就要开幕，我们的活动也很快就要开始了！看着各种完不成的场地工作状态，真有一种"叫天天不应，叫地地不灵"的绝望感。

我们只能一切靠自己，活动物品比预计的晚到，布置场地时大家一起上阵，和工人们一起干活，工作人员一到达沃斯就开始忙，直到晚上才到自己的公寓。工作人员的公寓在山坡上，雪太大，路太滑，车里的人和行李又都很多，车实在是开不上去了，只好停在了半山腰。累了一整天的我们，此刻每个人穿着厚厚的羽绒服拖着行李箱和随行李带来的一些活动用物料，一路爬上雪山来到公寓，茫茫白雪中终于找到了公寓，大伙儿都大口地呼着热气，稍事休息继续战斗，铲了一人多深的门前雪才终于进入了公寓。在这样恶劣的条件下，我最担心的就是团队的安全。在大量公务之余，我没有忘记提醒小伙伴们："出门必须在靴子外面再戴上雪地爪，谁也不许摔跤，这是最高要求和最重要的KPI！"我在工作人员公寓住的那几天，虽然自己由于时差和工作紧张的原因每天只能睡3个多小时，但是我仍然每天早早起来，给辛苦工作的小伙伴们做上一顿美味的早餐。

全能公关人一定是在摸爬滚打中历练出来的。把自己当作一块积木，哪里有需要就搭在哪里，哪里需要补台就毫不犹豫地顶上去，只有这样的团队协作才能让一项项公关工作顺利执行；只有不断地历练自己，才能让自己永远保持学习状态，不断提高自己的灵活度，让自己成为一块越来越全能的积木。

经历辛苦，也带来收获。四人小组完成了几乎不可能完成的任务之后，那种成长的喜悦和内心的满足感就是最大的回报。

提高工作效率

在京东，我最真实的感受就是，一年能做出三年的事儿。2012 年，京东平台的交易额是 732 亿元人民币，2018 年的平台交易额已经达到了 1.7 万亿元，增长了 23 倍！有一种怎么跑都跟不上的感觉。

以前在索尼，我们经常需要做 PPT，但是在京东，我们真的没有时间做 PPT，这 6 年我做过的 PPT 恐怕不会超过 10 个。记得有一次营销会议，一位业务负责人汇报一件事情展示了多页 PPT，老板刚听到第 3 页就说，你们部门是不是人手太多了，就这么个事情，早会上 5 分钟就能解决的，居然花时间做了这么多页的 PPT，先把你部门的人裁掉一半！

如果不是在每一个环节上都力求以最高的效率推进工作，京东不可能进入电商领域短短 13 年就成为中国第一大零售商、全世界第三大互联网公司。我有幸亲身参与到了这样一种几乎史无前例的飞速发展进程中。

京东有一个著名的早会制度，从公司初创时就建立了，直到今天，从未间断。每天早上 8 点半，所有核心管理层都整齐地聚在一起开早会，短短半小时通常可以解决大量需要跨部门协调的事情，因为负责人都在，挺大的事往往三五分钟就解决掉。CEO 有任何指示都可以利用早会的时间下达。9 点各个部门负责人给自己的团队开早会，把新鲜出炉的管理层决定第一时间传达给团队的所有成员，9 点半部门早会结束，所有人行动起来，很多工作就这样当天就执行到位。早上这一小时的作用非常大，不仅极为高效，而且直接省去了很多跨部门的会议。

针对必须要开的会议也是有规定的，每个会议尽量不超过半小时，每一个会议必须要有结论，如果在会议中确实得不出结论则必须立即上升到更高一级的管理者，尽快做出决定。高效率的文化还反映在邮件沟通上面，所有管理者，无论身在世界各地的哪个角落，都必须在 24 小时内回复邮件，因为经计算，绝大部分的出差目的地都可以在 24 小时内飞到，因此你没有借口不在 24 小时内回复邮件。回复下级的请示邮件必须要有决定，而不是模棱两可，悬而不决。

在外企的朋友可能要问了，不做 PPT 怎么汇报工作呢？京东有一个周报制度，即每个人在周末要给他的上级写周报，包括待决策事项、本周重点工作、下周重点工作。周报不必冗长，但需要反映的是本周工作的精髓和下周需要重点开展的工作内容，并且规定每一项最多不得超过 5 条，逼着你聚焦在最重要的事情上。如果有任何事情需要上级决策，则应该在周报最开始的"待决策事项"提出，以便上级快速回复。周报制度是推进高效工作的一个有效办法，在公司里受到高度重视，并不断地在改进。例如，要避免把周报变成为自己的工作歌功颂德的流水账，因此除了写重点工作以外，还要求写自己认为哪里做得不够好或者如何改进某项工作，或者对公司有什么建议。例如，为避免有的人写的周报过长，占用管理者周末过长的时间，特地规定了周报需要简洁明了，工作回顾和计划都只列出最重要的三至五条而不是更多。例如，为了达到各部门信息能够共享的目的，周报必须抄送给与其工作相关的部门同事和他的上级。

为了提高庞大的公司整体的运转效率，高层管理者开战略会、经营分析会，批阅周报基本上全都安排在周末进行，这样工作日的时候团队就可以按照既定的方向和策略快速执行决策。

一顿饭谈成的交易

京东的高效率体现在大事小情的方方面面，哪怕像轰动全球零售业的京东沃尔玛战略合作这样的大事，也是在很短的时间内完成的。京东集团 CEO 刘强东在参加央视《对话》时曾透露，自己通过一顿饭拿下了与沃尔玛的合作。"我特意到美国与沃尔玛方面两个负责人吃了一顿午饭，不过我并没有跟他们谈合同的具体内容，我一直在讲零售的本质。"这是一顿简单得不能再简单的午餐，双方 CEO 和各自身边一位业务负责人一共 4 个人，在阿肯色州沃尔玛总部的食堂，每人端着一个简易的纸盘子，短短的午餐交流，为这宗震惊世界零售界的交易奠定了牢固的根基。当谈判遇到瓶颈的时候，创始人亲自出马，让沃尔玛的 CEO 从理念上认同了京东，确定京东就是它在中国最应当选择的合作伙伴，于是，一顿饭的时间让双方消除了分歧，排除了众多干扰，一举达成了合作。

这件事反映了京东创始人雷厉风行、行事果断的一贯风格，整个企业从上到下没有人办事拖泥带水。看准方向迅速决策、快速行动，让京东在短短的十多年时间成长为全球零售行业和互联网行业异军突起的翘楚。

永不满足

　　2013 到 2015 年这三年是我所经历的京东超高速增长的时期，在体量规模已经巨大的情况下，仍然创造着 100%、80% 这样的神话般的年增长速度，很长一段时间都保持着行业增长速度的两倍多，这令外界啧啧称奇。

　　只有内部的京东人知道这一切都是一手一脚、披星戴月干出来的。每一个"6·18""双 11"都是一场大型营销战役，这些电商创造的购物节只用了短短几年的时间，就发展成为全社会线上、线下乃至全消费场景的购物狂欢节，甚至菜场、理发店在这些购物节期间都要挂上"6·18""11·11"的招牌，以招揽更多的主顾。可以毫不夸张地说，即便是在现代商业史上，这些人造电商购物狂欢节也值得记上一笔。

　　于我而言，"6·18"战役从五一劳动节一过就要开打，直至 6 月第三周结束，一共是 7 周的持久战；而"双 11"战役则是从十一长假一结束就直接开始火拼，随着热度的升级，往往会打到很多之前没有人能预测到的激烈程度，火爆的场面一直到 11 月第二周才会结束，一共是 5 周的激烈肉搏。

记得 2015 年的"双 11"大战，十一长假一结束，我们就立刻按计划紧锣密鼓地为 10 月中旬的大型战略发布会做最后的冲刺准备。在我们的精心策划和推动下，这次发布会将是一场不同寻常的发布会，腾讯创始人马化腾和京东创始人刘强东将首次联袂登台，京东与腾讯宣布共同推出战略合作项目"京腾计划"，这是业界首创的集合了电商和社交平台的优势资源，为品牌商家提供的一套建立品牌、提升营销效果和顾客体验的全新营销解决方案。听说马化腾和刘强东会共同出席，发布会现场人头攒动，各路媒体架起长枪短炮，整个会场现场气氛火爆。发布会取得了巨大成功，各大媒体纷纷以重要版面大篇幅报道了发布会内容，一位媒体朋友感叹道："今年的'双 11'大战真凶，一上来就是打战略牌。"

的确，从这一刻开始，熊熊战火已被点燃起来。后续的 4 周，市场上各路兵马都进入一种战火连天的状态，战况变得愈加复杂，不同的业务线还纷纷打起了遭遇战。接近 10 月底的时候，大家已经快要打疯了，纷纷亮剑，使出了撒手锏，一个电商购物节竟然使全社会都开始关注排在最前面两位电商巨擘之间的纷争和角力。

最后 3 天，全体电商人都拼了。当时我们刚刚搬到新的总部大楼不久，整个巨大的京东大厦连续数天整宿整宿灯火通明，战况进行得热火朝天，行政部门为大家准备了各种食品，好多同事都带着睡袋，实在困了就在办公室小憩一会儿，我也带了简单的行李，连续几天住在公司附近的酒店，每次最多也只能睡上三四个小时。"双11"那一天终于到来了，作战室里的大屏幕上数字一直在不停地跳跃着，订单量每分每秒都在快速增长，交易额迅猛增加，出库数字也不断突破历史纪录。这场"双11"营销大战，在团队以无可比拟的激情奋力拼搏下，京东当天下单量首次突破了3200万单，同比增长130%。而从11月1日到11月11日的整个促销季，总下单量首次突破了1亿单，比上年增长了130%，总交易额比上年增长了140%。

对于一个白手起家的本土创业公司，在进入电商领域的第11个年头，不仅自身成功地从无数竞争者中脱颖而出，而且在一个由电商创造的促销季一举获得了超过1亿个订单，相比10年前创业时好不容易才获得第一个订单，能取得这样的成绩应该说已经是一个奇迹了；而且，为了保障我们最为看重的顾客体验，京东的运营团队可以说一周多以来几乎都要夜以继日地拼搏，将这1亿个包裹、这一份份顾客对京东沉甸甸的信任，以最快的速度递到顾客的手中。我们完成了"双11"战绩面向国内外的发布任务后，也纷纷来到配送站一线志愿支援战友们，虽然身体已经疲惫不堪，但是精神上依然保持着无比的喜悦和兴奋。"双11"后的整个周末，全体京东人几乎都顾不上休息，纷纷奔赴仓库和配送站一线忙着帮助运营团队进行分拣和配送，大批内部志愿者迅速化解了一部分高峰期运营团队的沉重工作负荷。

大战结束后的周一早会上，高管们进入会议室陆续就座，虽然没有人主动说什么，我能隐隐地感受到这一天高管团队的心情还是略带欣喜并放松的。集团CEO刘强东开始发言了，一上来就说："这个'双11'，还是有很多问题的。"话音一落，所有人不由得收起了放松的心情，又都紧张了起来。刘强东拿出自己的记事本，一条一条地跟大家讲他所看到的问题，说着说着就已经十多条了，越说问题越严重，我几乎有了一种刚刚过去的"双11"大战好像一无是处的感觉了（而实际上这次营销战役所取得的成绩在各个方面都是超出管理团队预期的）。这时候大家的表情都已经变得非常严肃了，认真地回顾和思考着刘强东指出的这些问题，很多人开始打开笔记本做笔记。说了大概半个小时的问题之后，刘强东说了一句："我知道这个'双11'大家都很辛苦，但是我们取得的成绩已经成为过去。我们不能满足于过去取得的一点点成绩，为了今后可以将我们的服务等各方面做得更好，我们更应该做的是反思这样一场营销战役所反映出来的问题都有哪些，还需要进行哪些工作上的改进和提升。只有这样，我们才能继续朝着我们的远大目标往前再走一步。"

　　就这样，连续5周战火连天的奋斗，还不算前期的精心策划和无数准备，在公司CEO说了一句"我知道这个'双11'大家都很辛苦"之后，瞬间过去了。管理团队已经再接再厉，朝着下一个目标进发。

3

人生只有一次，
按自己的意愿去选择

回想当年，我在事业貌似已经达到顶峰的时刻，选择离开索尼、加入京东，就是怀着敢于做自己，敢于按照自己的意愿生活这样一种情怀做出的决定。

　　老公说："你做出这个选择，就不会再有以前的地位。你是鱼缸里的热带鱼，到了大海里要做好呛水的准备。"

　　我说："我不想像那些热带鱼一样，一直待在一个美丽恒温的鱼缸里面，直到死去。"

　　我能想到的最好的理想，是让生命的本义不被世俗的事物绑架，让生命在阳光下成长。

在事业顶峰时刻选择离开

1995 年我首次赴索尼总部学习，当时还是一个对公关一窍不通的年轻女孩，立马被来自 14 个国家的公关同事一起参与的这个内部会议震撼到了，头脑中闪现的都是电视新闻里的联合国会议的画面，我在集中精力汲取知识的同时，也有些不知所措。十几年后我成为索尼全球六大区域的公关核心负责人之一，我们每周都会开电话会议，通过频繁的交流，我从日本、北美、欧洲、新加坡、南美等几位海外资深公关同事身上学到了很多，但由于中国市场与全球其他市场有着巨大的差异，且中国的媒体在全球媒体中也是相对比较特别的，中国的公关在绝大多数时候都插不上嘴，但是对于我来说，他们所讨论的那些关键事件、重点问题，让我受益匪浅，这些分享和讨论让我逐步拥有了不被国内多数人知晓的国际视角；而通过与他们分享公司重要的中国项目，他们也越来越多地了解了中国，我清晰地感受到，中国公关事务在后面的两年逐步多了一些能够参与到全球话题的讨论的机会，这个公司全球核心公关人网络正在感受到中国市场的崛起和参与到世界经济事务的潜力。

在这个全球核心公关负责人网络中，我特别感谢北美索尼电子业务的公关负责人里克先生。他在索尼工作了近 20 年，每年都会负责全球闻名遐迩的"国际消费类电子产品展览会"上的索尼公关战役。

作为消费电子行业毋庸置疑的翘楚，索尼每年都会在美国内华达州拉斯韦加斯参加国际消费类电子产品展览会。2003 年我首次策划了带领中国媒体团赴拉斯韦加斯参加国际消费类电子产品展览会的项目，这也是第一拨中国媒体赴拉斯韦加斯，我当时在帮助中国相关媒体人更多地了解全球最著名的国际消费类电子产品展览会的同时，也邀请他们重点参观索尼公司的展台、参加索尼的发布会，安排中国媒体记者采访索尼集团高层，了解索尼再次推出"世界第一"的产品背后的创新故事，并聆听大会的重头戏——索尼集团 CEO 和高管团队为全场观众呈现的主题发言大秀。那真是一场精彩绝伦的表演，美国好莱坞的巨星和全球最著名的创作者也常常会作为索尼大家庭中的一员参与到这场秀中，充分展示了索尼在北美市场成功的"电子加娱乐"的业务生态和活力四射的品牌魅力，彰显着这是一家真正彻底全球化的企业，观众几乎忘记了这是一家来自亚洲的企业。那时候，满场的展商中偶尔也会看到一两家中国品牌参展，它们往往都是沿着展会场地的边缘搭起一个 9 平方米的标准展位，有一两个人坐在简单布置的展位里与偶尔经过的人交换名片。当时无法想象，十多年后的今天，拉斯韦加斯的国际消费类电子产品展览会的参展商中已经有近 1/3 来自中国，而一些著名的中国品牌正在成为中心展厅中最耀眼的品牌展场中的一部分。

拉斯韦加斯在美国是极为特殊的一个城市，每一个酒店的大堂都布满了让人们赌博的机器。尽管我去拉斯韦加斯不下 10 次了，但是我对赌博这件事始终没有兴趣，每次穿过酒店大堂的时候都觉得这些机器很碍事，绕来绕去才能找到电梯，对于到那里工作的我们来说增加了些复杂因素。反而是在展会结束后的周末，花上一天的时间去不太远的科罗拉多大峡谷转上一圈会令我感到非常愉快。

在 2008 年 1 月，我再次带中国媒体团参加在拉斯韦加斯的国际消费类电子产品展览会。不知为何，我突然开始不能适应时差，过去 5 年都没有这种情况，夜里两点，我却清醒得就像刚刚要开始工作一样，这种状态一直持续到早上快 6 点，我才昏睡过去，而 6 点半就被闹铃吵醒，要起床开始一天繁忙的工作了！这样的折磨持续了好几天，第三天夜里，一个主意突然从脑海中冒了出来："和里克聊一下，到美国来学习！"这个主意刚一出现时吓了我自己一跳，在条块分割严格的索尼，尤其在中国这样一个海外市场分支机构，这显然是一个超越了常规的想法，至少我在这里工作十多年还从来没有看到过这样的先例。但是我在内心告诉自己，这是我真实的意愿，它不仅可以帮助我进一步提升和突破，也能够帮助我的团队进一步成长，还能够帮助索尼中国下一步的发展。在拉斯韦加斯的这样一个深夜里，有无数人，不想睡的或睡不着的，都正在赌博机前听着硬币哗啦啦地响，或在酒吧里和牌桌前酣畅淋漓地边饮酒边赌钱，我却躺在安静的酒店房间里一直无法入睡，我头脑清醒地想着这件事背后的逻辑：索尼在美国市场从 20 世纪 60 年代开始起步，已经有 40 多年的发展历史，到了 20 世纪 90 年代，一家知名调研公司的调查结果显示，索尼品牌获得了美、欧、日多个市场消费者好感度第一的至高无上的市场地位，品牌知名度也仅次于可口可乐，排在第二位，无论是品牌形象还是公司声誉都做得非常成功，美国同时又是全球公关行业的发源地和鼻祖，与之相对比，索尼在中国刚刚有 10 年的发展，跟美国市场相比还处于起步阶段，而中国市场未来的潜力应该不会低于美国市场。我应该到美国来学习公关、品牌影响力的建立与维护和跨国公司的管理经验，它对中国是有意义的。想到后来我终于昏睡了过去，当然很快又被闹钟叫起来，开始了新一天的战斗。然而，这个想法并没有随着短暂的睡眠被我忘记。

那时我和里克已经认识了 13 年，并且每年都会在总部的全球公关会议上见面，平时偶尔也会有一些邮件或者电话往来，我们对对方的印象都非常好，当然里克很资深，对于我来说他就是一个公关行业的前辈和长者。此刻，拉斯韦加斯一年一度的辉煌大展和花样繁多的市场营销大秀即将接近尾声，在又一次即将结束一场疯狂的营销战役时，里克组织了一个公司内部晚间聚会。来自索尼日本总部、美国公司以及全球各地的代表和工作人员聚在一起，有近 200 人，大家举着酒杯，摩肩接踵，甚是喧闹。里克也一直在和来自世界各地的同事交流，脸上挂着笑容。这种公司生活（corporate life）我是再熟悉不过的，我想，有一天这样的场景也会发生在中国，全世界的商业精英总有一天也会到中国来共襄盛举，共享盛事。穿过人群，我找到里克。

"嗨，里克！干得真漂亮！为你的再一次成功干杯！"

里克也很高兴和放松，又一次的大展终于接近尾声，而因为要组织每年 1 月初的国际消费电子大展期间的公关战役，里克从来没有好好过过圣诞节。这一年的大展终于要结束了，他开心地说："葛洛丽亚（我的英文名是 Gloria），很高兴你又来拉斯韦加斯参加这次展会，我希望中国媒体团今年也非常有收获，了解和体验到了我们最新发布的技术和产品！不过，记住，拉斯韦加斯可不代表美国！"

"里克，真的要非常感谢和祝贺你出色的工作！我本人和中国媒体团都获益匪浅。我在想，为了认识更真实的美国，也为了能够更深入地学习到你们引领全球的公关方式，我是不是可以到您的团队学习一段时间呢？中国的公关行业刚刚起步不久，而美国是公关这个行当的发源地，索尼在美国也有大量的最佳实践，我想如果您能接受我的话，我一定能够学习到很多东西，这对于索尼在中国的发展也会很有帮助!"

里克显然没有预计到我提出了这样一个深入的话题，他不由得愣了一下，但他的表情旋即更加明朗了起来："当然，葛洛丽亚，我很欢迎你来我们的团队感受一下美国公关，也让我们的团队更多地了解中国，中国是新兴的非常具有潜力的市场，我们应该给予更多的关注。你放心，大家都会非常欢迎你的。"里克当即给了我一个积极的信号，这让我很开心。

如果你特别想做一件事情，而这件事情对于大家的未来是多赢的，只要方向正确，那么就算没有先例，就算需要突破种种常规和限制，也应该坚持不懈地去争取把它做成。

回到国内，很快又要面对总裁做月度工作汇报。汇报结束后，我向索尼中国当时的总裁先生认真地提出了去美国学习一段时间的想法。他显然有些吃惊，但是他并没有马上反对我。他开始问我："目前的工作怎么办？团队谁来带？出现危机怎么办？"我说："首先，现在的公关团队已经越来越成熟，我会用半年的时间，有计划地针对每个小组的负责人做好教练的工作，逐步提升他们的管理思维和技能，多给他们与公司高层直接沟通交流的机会，并逐步让他们肩负起所有重要的公关事务，完成这些教练任务后，我再去美国学习，回来后我会把在美国学习到的经验和技能用到索尼中国的发展上。"这位总裁先生一向严厉，对于大家的工作也常常给予非常犀利的批评和指示，没人觉得有什么事情是能和他讨价还价的。我也不知道哪里来的勇气，竟然敢于向他直接提出这个请求，这应该也是本土员工里的"独一份儿"了吧。令我没有想到的是，总裁先生沉思了两分钟，然后说："我支持你!"

总裁先生本人28岁就被派到了索尼印度尼西亚，负责从零开始开拓和建立索尼在印尼的业务，之后又陆续赴任新加坡、中东、欧洲，从欧洲来到了中国，作为一个日本人，他职业生涯的20多年都是在全球各地打拼。而索尼里面像他这样勇闯天涯、奔赴全球市场白手起家建立海外业务的勇士还有很多。

有了总裁先生的支持，我开始在繁忙的工作中做赴美工作学习的准备。为了我在海外学习期间索尼中国的这部分工作不受影响，我首先一步一步把自己积累的管理精髓和各项资源毫无保留地分享给了团队的几个负责人，同时做各种赴美学习手续上的准备，此外还要学会开车上路——虽然我很早就拿了车本，但是直到那时我一次都没有开车上过路。人事部突然听说这个事情也是一头雾水，幸好总裁先生已经直接同意了我的请求，人事部门也给予了大力支持，并帮我协调索尼美国电子的人事部同事，安排好了在美国工作学习期间的住宿等事宜。2008年奥运会结束后，我正式启程去了美国。

索尼在美国的电子业务总部位于加州的圣迭戈，那里的天气好得不能再好，每天都是"蓝蓝的天上白云飘"，从来不需要担心空气污染、沙尘这些问题，甚至都很少阴天和下雨。我租了一辆车，里克的秘书帮我借了一台索尼汽车导航产品，我每天就按照它的指引从公寓开车到公司上班。我在北京刚刚学会开车上路，然而我在圣迭戈开车的速度却简直可以用飞驰来形容，因为如果开得太慢就会被很多车超越，那样更加危险，于是逼得我在短短几天内就习惯了开快车。另外遇到的问题就是晚间开车，这里晚上天黑得特别早，经常走出办公室时已经一片漆黑，公司在圣迭戈北面离山比较近的地方，要开一段路才能到大马路，而这段路因为接近山路，比较偏僻，根本没有路灯，漆黑一团。我在北京练习开车的时间也就两个月，还赶上了奥运会前单双号限行，就没练多长时间，而且即便是晚上开车回家也都是在繁华城市里灯火通明的大马路上，从未遇到过这种情况。我就给北京的家人打电话取经，然后挂掉电话马上现学现用，几分钟后开启车灯驶上了小路，一旦看到远处什么地方出现了车灯，就知道有其他车辆了。其实即便驶上了大马路也是黑黢黢的，不像北京的大马路上永远灯火通明。

第一天下班，晚上从公司回家，里克秘书给我的索尼汽车导航产品还在包装盒里静静地躺着，我只是按照里克秘书告诉我的路线开，结果很快就开错了，一个拐弯拐错，竟然再也无法返回。如果在北京在环路上拐早了，兜一圈掉个头还能回到原路，这里则完全两回事情，因为路是依山而修的，拐错弯就再也没办法返回去，开了好长一段也没有找到回去的方法，也不知道开到哪里了，我于是决定朝着远方亮灯比较多的地方开，到了有人的地方再说。到了亮灯比较多的地方了，这边确实有些繁华的感觉，让我心里踏实了一些。

看到了一个大超市，我停下车，想到家里的冰箱空空如也，晚饭还没着落，我锁好车进到超市买了很多东西，结账后我拿出了公寓地址，询问售货员怎么才能开回家，然后我载着在超市购买的物品，按照他告诉我的方向继续开去。晚上什么也看不见，街上一个人影都没有，平常就没有方向感也没有开车经验的我又开错了。发现不对的时候，我看到一个加油站，只有这里有人，我开了进去，继续问，就这样，我又问了两次，终于找到了我的公寓所在地——因为我前一天才刚刚住进来，其实公寓长什么模样我也记不清，但不管怎么说经过近两个小时的兜兜转转我总算找回了家，给自己做了晚餐，然后立即拿出索尼汽车导航，按照说明书做好了设置、安装，并输入了公司地址，这时已经半夜了，我还没有倒过来时差，前一天刚到，晚上没睡几个小时，我拖着疲惫的身体睡去。后来我听说有一个国内来的朋友，在洛杉矶晚上开车转了 3 个小时就是找不到家，后来家人都报警了。

我在里克的部门参加团队的会议和讨论，和他们的团队一起准备新品发布活动，以及准备很快就要开始的 2009 年 1 月的国际消费类电子产品展览会。令我吃惊的是索尼美国电子公司的会议效率非常高，我所参加的每一个会议都没有超过半小时的，即便是准备消费电子大展这么重要的事情。除了参加团队的会议和讨论以外，我约了里克团队里的每一个人单独开会，以了解他们的工作内容和整个团队的运营机制，他们是怎么做新闻稿的，他们是如何通过运营内网与员工进行有效的沟通和互动的，他们之间如何打配合，他们和市场部的分工与合作是怎样的，他们和位于纽约的索尼美国控股公司、索尼音乐娱乐公司以及位于洛杉矶的索尼影视娱乐公司的公关团队又是如何合作的，等等。每天晚上6点，美国公关团队的同事们陆续下班回家，我和在里克团队的一位日本同事却开始忙碌起来，因为中国和日本国内的同事们这时都陆续开始上班了，我们利用美国公关同事下班后的时间和国内保持及时的沟通。

虽然没有人要求，但是我阶段性地向索尼中国区总裁汇报我在美国的学习成果，并对于公关部职责范围以外的一些管理议题，如索尼中国公司的信息共享机制、官方网站风格、内网的整合建设等提出了我的建议。那期间恰好发生了一起波及全球的公关危机事件，就是曾经轰动一时的笔记本电脑电池危机事件，我及时地从美国公关团队拿到第一手信息和应对策略，连夜反馈给索尼中国管理层，帮助中国团队更加及时地准备在中国市场的解决方案。

我在美国工作学习期间恰巧经历了奥巴马竞选总统的关键阶段和突然在美国爆发的经济危机，晚上自己做完饭后经常一个人守着电视看总统大选的消息和辩论，以及与经济危机相关的各种报道。为了应对美国突然爆发的经济危机，就在铺天盖地的突发新闻报道的第二天，索尼美国电子公司立刻向全体员工发出了一封信，决定采取一系列开源节流的措施，包括号召大家尽可能将原定的出差开会改为电话会议，以节省不必要的差旅费用等细节上的规定，这让我感受到了美国人的快节奏，而公司员工对于所有这些新措施的接受速度更是超级迅速，当天的内部会议上同事们就纷纷表示"我已经修改了出差计划，改为电话会议"，"我会立刻重新规划后续的发布会活动的预算、变更场地，估计可以减少至少一半的费用"，没有任何人在这样的时候还在跟高层没完没了地争取预算，更没有人在这样的时候捂着自己部门的预算偷偷铺张搞活动。对比起当时索尼中国的管理节奏和内部沟通的复杂性，这种速度和做事风格让我大吃一惊，并非常欣赏。这些情况我也都及时反馈到了索尼中国的管理层。

在我即将结束学习回国的 12 月，索尼美国电子业务公关团队正在准备裁撤一家在美工厂的公关预案；整个经济大形势愈加严峻，后续不久则宣布了在美国的裁员计划。与此对比强烈的是，刚一回到中国，我就受邀参加了一场年终晚宴，看着大家边吃边谈笑风生的场面，我深深地感受到，远离经济危机中心的中国依然处于繁华盛世，居然还能看到有一两百人一起吃大餐的大型晚宴聚会活动，而且大家觉得这很平常。

在索尼中国管理层会议上，我提醒大家，美国经济危机肯定会波及全球，当时已经波及了南美和欧洲。对于索尼这家全球化的公司来说，美国市场发生的经济危机一定会给总部带来种种压力和影响，我们现在在中国虽然日子比较好过，但是我估计很快中国将成为索尼全球非常重点的市场，并被寄予厚望，总部对我们的销售业绩肯定会有更高的要求。因为索尼中国仍处于发展的初期阶段，我们以往的运营和美国、日本相比还是比较粗放的，我建议公司应当及时做好成为全球主要市场的准备，立即注重采用各种手段提升公司的运营效率，包括面向全员都要灌输降本增效的意识，砍掉不必要的花费。公司的首席财务官立即对我的建议表示赞同，并补充了他更多关于提升运营效率的想法。"这正是一个契机，向全员灌输节省成本、提高运营效率的意识。"首席财务官说道。

2009年初的一天，我向索尼中国当时的总裁汇报工作。这只是一次常规的工作汇报。当我在汇报的结尾提出希望提拔两位团队优秀员工为副总监时，一向对各业务部门负责人要求极高并且在我眼里非常严厉的总裁先生对我说："我同意你提出的这两位公关部同事的提拔请求。同时，你也将被提拔，担任公司副总裁的职务。"我当时简直不敢相信自己的耳朵，惊讶地脱口而出："真的吗？谢谢您的信任，我一定会继续努力！"

这已经是我在索尼中国这家公司的第三次跳级提升了，之前是分别跳过了副经理、副总监，直接升任经理和总监，而这次是跳过了高级总监，直接从总监升任副总裁。每一次提升对我来说都是一次意外惊喜，我完全没有想到，只是尽自己最大的可能做了我应该做的，在这里学习、成长、思考、实践，以"与公司共命运"的使命感努力地去承担更多的职责，不断地拓展边界、拓宽领域，创造更多的价值。在我做这些事情的时候除了希望公司能够给我空间让我实现我的想法以外，并没有更多的期待，而公司却给予了我越来越多的认可，让我进一步激励自己，努力向前。

担任索尼中国副总裁之后，我的职责有了进一步的扩展，除了继续负责我一手搭建的索尼在华的公共关系体系以外，还要负责公司的品牌调研、公司官网、公司品牌标识在华的规范化管理，以及索尼在华投入最大的重点品牌项目索尼探梦科技馆。我的团队成员达到近百人，分布在北京、上海、广州、成都等地。对于一个外企的职能部门，这个人员数量确实不算少了。

新的岗位对我来说意味着更多的责任。来不及松口气，我就开始着手研究尼尔森公司协助索尼中国做的品牌调研报告和调查问卷，考虑对索尼中国官方网站进行改版以创造更加友好的阅读界面，学习摞起来半米多高的索尼全球 CI（企业形象识别系统）管理手册，回顾公司在中国的品牌标识管理存在的问题。在接手索尼探梦科技馆项目时，对这家独立的公司，我提出了大量问题并与团队共同探讨，包括我们建立索尼探梦的初心和诉求是什么，它的品牌定位和传播群体应该怎么确定；公司财务报表的每一项都体现了什么，有哪些办法可以进一步改善财务状况；索尼探梦科技馆中展示品的成本、制作流程和周期，以及我们能否根据参观者的反馈做进一步优化；探梦咖啡厅的经营品种和成本利润结构如何调整；解说员的培训如何开展和提升；探梦科技馆宣传工作如何扩大和提升投资回报率；我们是否与国家和各省市科技馆开展了互动交流，从而通过合作的方式以较低的成本扩大影响力；等等。在担任索尼中国副总裁后的近一年时间里，除了从早到晚排得满满的会议和出差日程以外，我的大量业余时间也用在了学习和熟悉各种新业务上。此外，受中国国际公关协会会长的邀请，我还同时兼任了中国国际公关协会企业公关工作委员会的主任，负责不定期地组织各大跨国公司公关负责人的沙龙活动和会议，与公关公司工作委员会和公关学术工作委员会展开互动，并参与全国公共关系案例大赛和全国大学生公共关系案例大赛的评审工作。在与各大跨国公司的公关负责人、公关公司负责人、各院校公共关系学院院长和老师的交流过程中，我进一步拓宽了眼界，尝试更多地从企业内公关、公关公司和学术界公关等不同视角去看待问题，而在行业大赛中接触到的数百件公关案例和与参赛团队的互动更让我从年轻一代公关人身上不断受到新的启发。

就这样，我从一个接线员，变成了大型培训活动的组织者，又从一个外企小秘书，变成了公关行业的小菜鸟，然后，我这个职场小白一步一个脚印地努力学习和打拼，在进入外企 15 年的时候成为索尼中国区副总裁，全面负责索尼在华公共关系体系和多项重要的品牌管理工作，并以中国国际公关协会企业公关工作委员会主任的身份，积极参与到了推进中国公共关系整个行业的发展进程中。我的边界在不断拓展，职场内外，我忙得不亦乐乎。

从美国回来后不久就进入了全年的业绩评估与晋升加薪的时段，索尼公司的新财年是从每年的 4 月开始的，每年都是在经过一系列严谨的评估之后，在 4 月 1 日这一天面向全员宣布晋升名单。2009 年 4 月 1 日，我已经在上海出差了几天，当天就要返京，当飞机降落在北京首都机场时，天色已经很晚了，我打开手机，一下子发现好多祝贺短信，原来是接近下班的时候公司发布了最新的晋升名单，而我是这个名单上的第一个，这个内部公告发出的时候，我已经在飞机上关机了，我可能是公司最后一个知道自己被当时索尼中国的总裁——他也是索尼中国有史以来最严厉的一任总裁，正式宣布任命为索尼中国区副总裁的，作为索尼中国区副总裁，我进一步扩大了职责，承担了索尼公司在华企业声誉和品牌形象的多项管理工作。刚才说到，履新后我的下属团队成员约百人，在外企中，一个职能部门有此规模已经相当罕见了，因为跨国公司大多会采取这样一种工作方式，即内部员工优先聚焦于战略层级或管理层级的工作，外部协作公司来帮助执行每一个具体的项目、完成大量具体的工作。这意味着如果加上我的团队对各种外部协作公司的管理，会有数百人的规模。我向来重视对外部协作公司的管理，把其当作我们团队的一部分，因为我们需要做到更好的全流程质量控制，从内部的策略制定，到外部协作公司的执行。此刻，我也成为当时唯一一个从本土招聘的员工中一路成长起来的女性副总裁，罕见地第三次跳级，从总监直升副总裁。本土、女性、跳级，几个不太符合常规的字眼叠加在一起，让我的升职在公司内引起了一阵轰动。

由于职责扩大，我的日程逐渐变得密不透风，恨不得每半个小时都会有确定的安排，各种会议、活动、外出、飞行等安排交织在一起，如同索尼大体系里运转的一切，我将它们规划得井井有条。此前虽然我有近半年的时间在美国工作和学习，中间也没有回来过，但是由于所有团队成员的努力和我此前的教练工作起到了效果，我们团队越战越勇，表现得越来越好。尤其是产品公关团队，这个团队在始终都没有自己的预算的情况下，以创业的精神奋勇打拼，获得了各个产品业务条线负责人的信任，由于认可产品公关团队的价值，他们给团队的预算规模不断增长，团队从开始只为几条大产品线服务，逐渐扩大服务范围，到每个人都能带一条产品线加外部公关公司的服务团队，为索尼的每一条产品线开展起长期的公关服务，逐渐形成了相当的公关业务规模。

由于上海是公司的运营中心，整个产品公关团队几乎都在上海，再加上负责品牌标识规范化管理和品牌调研工作的同事和我所带领的公司官方网站和内网运营管理职能，我在索尼中国所负责的工作中，上海团队的人数已经超过了北京团队的人数，而索尼探梦科技馆是单独的法人，坐落在北京，当时有近 60 名员工，这个精品项目每年投入数千万元，因其独有的高科技创意展品、特色科学表演和精细的运营管理，在全国的科技馆和中小学校中赫赫有名；此外还有分布在广州、成都等地的本地公关同事。同时，我还是索尼集团全球公关网络核心小组的成员之一，需要经常开全球的电话会议和定期参加总部的会议，再加上我在中国国际公关协会担任企业公关工作委员会主任，需要不定期发起和主持一些会议和沙龙活动，并参与协会重要的会议和担任协会"全国公共关系案例大赛"和"全国大学生公共关系策划大赛"的评审委员会委员，我全年的工作安排都是非常充实的。

通常，除了在北京的日常工作，我每个月的第一周和第三周各自有至少三天固定在上海办公室工作；每周五全天一定会出现在位于朝阳公园的索尼探梦科技馆，它是一个独立法人，我会充分利用这一整天集中处理各项公司事务、展馆运营管理和团队建设等工作，索尼探梦科技馆越是在周末和节假日越是要举办各种各样面向公众的活动，也会迎来更多的参观者，所以很多周末和节假日的时间我都会在索尼探梦科技馆工作，参加创意繁多的索尼探梦科技馆特色展览，和孩子们一起度过激发智慧和充满活力的欢乐时光，以及处理可能的突发事件。

此外，我还常常需要到广州、成都、东京等城市出差，以兼顾全国的媒体关系建设和总部的重要事务。除了这些日常的工作以外，我每年都会参加索尼的全球营销大会暨合作伙伴大会，这个大会是索尼集团一年一度的盛事，往往会有数千名来自全球的合作伙伴参加，且通常会选择在一个有特别意义的城市举行，再加上每年几乎必去国际消费类电子产品展览会，我也会出现在美国的洛杉矶、拉斯韦加斯，阿根廷的布宜诺斯艾利斯，土耳其的伊斯坦布尔，阿联酋的迪拜等地的索尼全球会议和重要活动上，从中，我领略到了一家伟大的跨国企业所建立起的庞大商业王国的无限魅力。

经过数十年的持续精进，迈入 21 世纪的索尼公司已经发展成为一个以超级精密的方式系统化运作的庞大机器，机器上的每一个零件都会精益求精地做好自己这个部分需要做的事情，极少会发生哪个零件突然失灵的情况。2012 年，在我担任索尼中国副总裁第 4 年的时候，发生的一系列事情却让我开始有了更多的思考。

在一次会议中，有人在台上分析数码相机市场的竞争环境，所列举的市场份额对比都源自那些经过十多年大浪淘沙后最终留下的几个最强的相机品牌，市场调研和分析做得足够精准，竞争策略也很有章法。不过，我当时头脑中有了一丝疑问，虽然当时的手机拍照功能还比较弱，手机拍照在相机领域属于非常边缘的应用，但是是不是也应该分析一下手机的拍照市场呢？在当时，不少消费者因其便利性开始使用手机拍照，尽管它的性能还远远达不到相机的专业水平，然而这样的分析在这里却被完全忽略了。

我们部门的一个小组想尽快开通公司官方微博账号，加大自身的传播声音，因为那时社交媒体已经开始大行其道，在通过传统媒体发布新闻、通过资深记者和专家发表中立的产品评测文章以外，走在营销前沿的品牌已经开始通过自身独具魅力的策划，推出能够吸引大量消费群体关注的微博内容，效果非常不错。

公关部的同事认为这当然是一个不可错过的、越来越需要大规模利用和不断创新的新传播阵地，我们应该早一些尝试，走在市场传播的前沿。然而在与法务部门沟通后，双方却开始不断地研究这样做可能发生的各种风险，以及社交媒体内容发布的审核流程，双方在更快的发布速度和更严谨的审核流程这一对矛盾上争执不下，直到要上升到公司管理层会议进行讨论。而一旦进入管理层会议，我们需要说服的都是 50 岁以上的资深管理者，于是又要"上下五千年"般地解释什么是社交媒体，缘何我们要做社交媒体传播，它能够给公司带来哪些益处，我们所预测到的所有风险的分析以及对应的解决方案……

作为全球最优秀的消费电子产品公司，它所默认的公司文化是每个产品必须足够完美才能推出，因此每一个创新的想法也必须呈现出完美的样子，才会被批准进行尝试。可以想象，就算公关部再努力尝试更快的速度和更创新的玩法，完美思维带来的各种限制——这些会落实到各种审核流程上——也很难让我们在这个阵地上一展英姿。

索尼每年都会召开内部的年度规划会议，核心管理层会全程参加并聆听各个部门负责人的陈述。有一次一个部门竟然做了 200 多页的PPT，该部门的负责人不是中国籍管理者，他在会议上以通常受赞赏的方式滔滔不绝地讲着。不得不说，PPT 所展示的整体规划逻辑严谨、内容专业，也有大量翔实的数据作为策略制定的依托，整个陈述近乎完美。

但是听着这位口若悬河的负责人的陈述，我却第一次产生了一种陌生感，这到底是他头脑中想象的"完美市场"还是我们所处的真实的中国市场？如果我们不能保证这些都是针对市场实际情况的洞察，又何谈策略的精准和市场营销战役的成功呢？很多数据来自外部调研公司，这位负责人平时的工作极为繁忙，想象一下，光是把这200页PPT做到这样的程度就要花费多少时间？至少在参加这场非常重要的下一年策略制定的会议之前，他没有时间亲自去中国三线以下的城市考察。我在心里打了一个问号，不知道我们的最高管理层能否也会有像我这样的中国本土管理者同样的感受呢？

这只是反映了跨国公司的管理难题。在总部，还有更大的难题。我想起了不久前在索尼总部参加高级管理者大会时的场景。两位集团总部高级管理者在台上竟然直接争论了起来，在这样一个面对公司全球上千名高层管理者的大会上，原本是要把总部的管理理念和全球策略传递给大家，因此像这样的公开争论在过往的十多年中从未发生过。一位高级管理者说："索尼之所以成功，是因为我们永远先于消费者知道他们会需要什么产品，他们往往并不知道自己需要什么。随身听就是最好的例子，索尼通过创造出全新的市场取得成功，这是我们取得成功的基因。"另一位高级管理者却反驳说："过去也许是这样，但是过去成功不代表今后仍然可以成功。我认为今天的消费者已经不同以往，他们现在处于互联网时代，未来的消费者则生于互联网时代，他们的选择越来越多，也越来越知道自己想要什么。我们应该转变为以消费者为中心，围绕消费者的需求去做事。"

这样尖锐的内部争论直接发生在公司千人管理大会上，不能不说公司管理层开始焦虑。就像一个人在把原来的城堡不断加高，而另一个人发现潮水正在转向，城堡下的地基忽然就好像沙子一样，开始随着潮水的转向流失，甚至开始形成可怕的漩涡，直接危及城堡的安全。到底我们是不是到了危险的时刻？我们该怎么办？我期待着结论，但一段时间过去了，我再也没能听到任何消息。"达成共识"是公司非常基础的管理文化，在那次会议后，我一直疑惑：公司的高层管理者们在争论的问题上是否达成了共识呢？最终的结论到底是什么呢？在这个问题上，我始终没有得到答案。

又一天的工作告一段落，华灯初上，当我拖着疲惫的身躯，带着挥之不去的迷茫走出上海新天地旁这座漂亮气派的写字楼时，我不禁大口呼吸着楼外面的空气。这是上海最繁华的商业中心的核心区，下班后走出这座写字楼的外企员工们内心都有一种骄傲，因为周围方圆3公里，所见之处都是世界顶级奢侈品牌的旗舰店，它们在夜幕中争奇斗艳，闪耀着璀璨夺目的光芒，这里下班后的外企人随便往哪个方向走都会感受到一种美好的氛围。路上你遇到的每个人都打扮得不俗，精致的妆容、精美的挎包、有设计感的服饰，给行走在这里的人们带来一种莫名的满足感。我和他们一样，已经熟悉了这一切。并且，白天会议中的那种高度专业和追求完美的工作风格对我来说也是再习惯不过的了。但是今天，我莫名其妙有了一种异样的感觉，我感觉自己快要窒息了。

在掌控着商业世界金字塔尖密钥的那些顶级品牌所在的商业核心区之外，中国的大地上正在酝酿着一场前所未有的革命。大量中国创业企业如雨后春笋般地在广袤的中国这片土地上争先恐后地冒了出来，它们的出现让中国进入了一个新的发展时代，中国不再仅仅是一个拥有巨大消费市场的地方，借助互联网技术的蓬勃发展，近代以来的中国第一次有机会再次建立起自身在全球经济发展格局中的重要地位，中国本土的创新商业模式开始不断涌现，这些新播种的创新商业模式一经发芽便一发不可收拾，创业潮仿佛在一瞬间就席卷了中国大地。

在进入互联网时代之前的 30 年，中国经济基础薄弱，自主创新匮乏，中国在全球经济价值链中的地位在那时更多地体现在下游制造能力的廉价输出上，能够进入国际市场并打拼出一席之地的中国品牌凤毛麟角，中国各主要产业的发展与发达经济体之间的差距至少有几十年。

但是进入互联网时代以后，这种情况正在发生巨变。一方面互联网消除了信息鸿沟，中国的创业企业和世界各国的创业企业在信息、资源、资本等方面的获取上越来越接近同步。另一方面，正由于中国的传统产业基础非常薄弱，互联网的创新应用和创新的商业模式获得了难得的机会和时间窗口，中国庞大的消费者基数也是成就互联网创新企业的重要因素，在多重因素的促使下，中国一批互联网企业经过群雄逐鹿式的激烈市场争夺，快速地成长了起来，并在几年内就崛起于世界互联网企业之林，令许多西方老牌商业企业瞠目结舌。

这批崛起的中国互联网创业企业与发展成熟的跨国公司形成了强烈的对比，最大的也是决定性的差异就是两个字：速度。在成熟的跨国公司里，很多事情都需要所有的相关部门之间达成共识，为了达成共识，在内部沟通上需要花费相当长的时间，平常的小事都要如此，更不要说决策这等大事了，做决策需要更加严谨的流程规范，前期达不成共识就无法完成这个决策流程。部门利益纷争和迟迟不能决策，导致很多跨国大企业在时代巨变之时错失了推出创新业务的良机。如果不同的企业决策的速度相差了几十倍，过不了多久，这种速度的差异就会带来质的变化，中国一些非常年轻的创业企业，仅仅用十多年的时间，收入规模令人难以想象地增长了上万倍，以前所未有的速度逼近了发展了几十年的全球大型跨国企业的收入规模。

与此同时，许多既存的势力却仍然活在一种幻象之中，它们还在幻想着仍然可以稳坐江山多少年，哪想到一边是"功成身退"的幻象，一边是潮水已经改变了方向。有过在大海边游弋经历的人都知道，潮水会在你不注意的瞬间改变方向，可能会立即把你置于漩涡之中。这个风云变幻的时代，已经让很多旧有势力的幻象变成了可望而不可即的遥远的梦，更令许多大企业意想不到的是，一些以往极其强大的商业模式此时正在以难以想象的速度被新生势力颠覆。而对于新生的创新商业模式来说，只有颠覆传统商业势力才能攫取市场和利润，最终获得自身的商业成功，这本身就是事物发展的逻辑，根本不用觉得奇怪。

就在那一年的初秋，我接到了一个来自京东的电话，电话中一位年轻姑娘自称在京东人事部门里负责招聘，她非常热情地盛赞我，说："您在业界口碑非常好，我对您很是尊重和敬佩，希望您有机会也了解一下京东。"我感觉她说话很客气，同时洋溢着热情和活力，然而完全没有那种我所熟悉的"专业范儿"。当时我正处于两个会议的间歇，没有多想，我就直接客气地回绝了她，挂掉了电话，继续按照日常安排行使着我的职责，也完全没有把这件事放在心上。这件事过去了大约两周之后的一个周末，那位姑娘又打来了电话，仍然是年轻的声音，电话中的表达非常客气，对我表达尊敬的同时，激情饱满地向我更多地介绍了京东，最后她表达了希望我有时间的时候和公司高层聊一聊的愿望。

多年来理性专业的工作氛围和工作风格，让我对如此满含激情的沟通感到非常新鲜，我必须说我对这种充满热情的沟通印象极为深刻。我的工作很少需要感性表达，因为感性的表达在我的工作环境中不会被任何管理者接受，更别说欣赏，只有和团队同事沟通的时候，才有可能略带感性因素。我忽然有点被这个年轻姑娘的活力和激情感染了，脑海里同时闪现出无论是在北京还是在上海的公司前台，最近一段时间每天都会收到日益增多的来自京东的包裹，那些都是公司的员工们下的订单，我忽然对这家公司产生了兴趣，抱着了解一下新生事物的心态，我相当不同寻常地答应了她的邀请。年轻姑娘立刻表露了喜出望外的情绪。

我的工作依然繁忙，不久就去东京总部出差参加会议，把这件事再次抛到了脑后。我在索尼公司工作马上就要满18年了，和总部很多部门的负责人和同事经过天长日久的工作交往，相互信赖，甚至和很多人都成为经常交流的朋友。这在日本企业并不是一件容易的事情，最初建立双方信赖的时间往往需要数年之久，对于一个在海外工作的同事来说，则可能需要更长的时间，需要通过一次又一次的工作接洽与合作以及共同经历的重大事件或项目，逐步从工作作风、待人接物的方式、工作中展现出的责任感乃至人品等方方面面一点一点地建立起双方的信任。借这次在总部开会的机会，我和总部的很多同事再次进行了关于最新的外部政局、商业环境、市场趋势以及重点项目等工作上的交流。

出差回来后不久，京东首席人力资源官隆雨女士就给我打来了电话，此前我们已经见面聊过一次，通过她我也更多地了解了京东近年来的快速发展的情况。电话中她跟我说将会安排我与京东集团创始人兼CEO刘强东先生见面。

这时我才开始认真思考这件事。刘强东先生是一个伟大的创业者，我对他非常敬重，而京东方面的多次沟通也非常真诚。因此，经过考虑之后，在原来预定见面的前两天，我给隆雨女士打了一个电话，电话中我跟她说："谢谢您的安排，我很荣幸，不过请您取消我和刘总的见面吧，因为我还没有打算离开索尼。我今天特地跟您打电话，是因为我不能让您后面的工作为难。"她当时有点失望，不过，过了一会儿她说："既然已经安排了，就还是见一下子吧。也谢谢你为我考虑，不过这个应该没事的。"

就这样，我在预定的时间与刘强东先生见面了，因为没有什么打算，我是怀着非常轻松的心情去的，穿了一身休闲装，和我在索尼工作时的装束大相径庭。在担任索尼中国副总裁之后，我经常会参加公司的高层管理者会议，其他参会者差不多都是50岁以上，头发有些花白，看上去非常资深和权威的男性管理者，他们在这家公司工作了30年以上，而我是当时最年轻的参会者，还是少有的女性管理者。为了不让自己显得格格不入，我特地每次穿灰蓝或黑白系列的套装，还剪了一个不长不短、说不上任何风格的短发，以便从形象上显得更加老成持重。

刘强东先生当天穿了一身运动服，所以我们并没有风格上的不适。谈话很轻松，就像聊天一样，进行了将近40分钟。从刘强东宽敞的办公室出来后，隆雨女士说："今天谈的时间蛮长的哦。"我感觉就是聊了个天，也没太在意，第二天一早，我继续按照我的日程规划飞往上海。飞机降落在虹桥机场后，我打开手机，发现有好几个未接电话，都是来自隆女士的。拨过去后，她跟我说："一上午给你打了好几个电话都关机！刘总说，印象非常好，尽快入职！"我感到有点儿突然，我说:"哦,是吗?那您再给我点时间,我再好好想想。"

后面的一周,我向我自己提出了很多问题。

我问自己:"这是否正是你想做的事情?在互联网科技像大潮一般席卷而来的时代,顺应潮水的方向,去追随一位百折不挠的互联网创业者,用自己多年积攒的知识、技能和经验为这样一份全新的事业开创出一片新天地,帮助中国创业型企业在成长为未来伟大的公司这一进程中做出你的贡献?"

我问自己:"如果去做了这件事情,你是否在乎即将失去的很多东西?那些东西是你经过了近20年从未停歇的打拼所获得的,是很多人梦寐以求的东西,你是不是确定全部要放弃掉?""你现在所拥有的因全球著名品牌而熠熠发光的光环和优越的社会地位,那些通过多年一点一滴的努力才好不容易建立起来的一家庞大国际集团里精英管理者们对你的信任,国际大公司正规、体系化、专业化的工作环境,还有在这样的公司工作时温文尔雅的沟通方式……如果你加入一家本土创业公司,你将会失去所有这些,你确定真的不在乎吗?"

这一周,我和我老公也进行了深入的交流,过去他一向支持我做自己想做的事情,但这次他一反以往快速决定的风格,始终跟我说:"这件事最终你得自己决定。"同时,他对我说:"你如果做出这个选择,就不会再有以前的地位。你是一条鱼缸里的热带鱼,到了大海里要做好呛水的准备。"

经历了几天这样的讨论和思考之后，我的心渐渐被一种裹挟着激情之火的强烈愿望攫取，此刻我想我已经做出了决定，我的决定是尊重我的内心愿望，做自己想做的事，而不去在乎世俗的束缚。

我对我老公说："我不想像那些热带鱼一样，一直待在一个美丽恒温的鱼缸里面，直到死去。"

然后，我给隆女士发了一封邮件，说："我愿意加入京东。"

索尼中国在 2012 年初更换了总裁，原来那位严厉的总裁由于工作成绩出色，被调到总部负责全球的销售。他的严厉和权威给我留下了深刻的印象，每次汇报工作或者陈述年度规划时，无论我们准备得多么充分，甚至每一个观点的输出都已经准备了足够的依据和支撑数据，他都会像一位真正的智者一样，一下子指出我们没有思考彻底的地方，或者我们计划中华而不实的地方。他始终严厉地挑我们的毛病，但是同时也给予了像我这样少有的本土管理者以最大的信任，让我和我的团队能够不断提升，逐渐学会站在管理层的高度进行更具战略性的思考，同时在业务执行上始终保持脚踏实地的作风，并督促我们在这两个方面都不断精进。我为他的升迁而高兴，但他的离开也让我非常怀念。

在给京东方面正式发出了确认邮件后，我赶紧约了和新任总裁的会议。会议中我告诉他我决定离开索尼，去一家中国本土企业，并请他放心，这家企业与索尼没有竞争关系，我会在正式离开之前把所有的工作交接做好。毫不意外，这位新任的总裁先生非常惊讶，他本人已经在索尼公司工作了32年，并准备在索尼一直干到退休，这也是绝大部分索尼高层管理者的选择。他无法理解，也非常不愿意相信我做出的这个令他感到极其震惊的决定。在他眼里，我所负责的领域完全不需要他操心，他只需要将精力放在管理其他重要的业务上。但是变化还是突然来了，对于由于我的离职可能带给他的麻烦我表示非常抱歉，同时我也请他放心，我们的团队已经非常成熟，我相信工作上不会有什么问题。最终，总裁先生慢慢接受了这件事，并表示了他的无奈和理解。

不出一个小时，索尼中国时任董事长先生得知了这个消息，立即让他的秘书约我和他进行了一场单独的谈话。董事长先生已经接近退休年龄，在这场单独的谈话中，他跟我讲了他的经历，从20世纪70年代初开始他们这一代年轻的索尼人如何艰难地开拓全球市场，曾披荆斩棘，经历了无数次市场或技术争夺的战役，这期间也经历过无数挫折，索尼人从未屈服，跌倒了再爬起，他一直陪伴索尼发展至今。他对我说："今天索尼拥有如此的规模，业务遍布全球近200个国家，都是建立在过去几十年，可以说是一代人的不懈努力之上的。今天，索尼已经是一个享誉全球的国际品牌和规模庞大的全球化企业了，可以说傲视群雄，而且以你在这里的职位，你可以干到60岁退休。这可能是令很多人羡慕的，你难道真的不再重新考虑一下吗？"对于董事长先生真诚的话语，我内心感激不尽。我跟他说："谢谢您跟我分享这些，18年来我也亲身经历了索尼在中国业务从零开始不断发展壮大，公司业务从很小做到今天数百亿规模的过程，我身为索尼人非常自豪，我也非常感恩在过去的 18 年中学到的很多东西。但是，我还没有考虑退休这些事情。我觉得中国企业有一天也能够做到索尼所做到的。"他跟我说："会经历千辛万苦。"然而此刻我意已决。

在公司管理层批准我的辞职报告之后，我给我的团队发出了一封邮件。在邮件中，我对大家说："我从进入索尼至今已有 18 年之久，职业成长过程如同攀登一座山峰。……百转千回，坚持不懈，终于克服困难登上山顶……山中美景一览无余的同时也发现了周围风景各异的山。此时此刻，对我来说有两种选择。选择一：在山顶喝茶休憩，欣赏美景……；选择二：重新收拾行囊去探索旁边新的山峰、挑战新的沟壑丛林，也发现新的登山乐趣。我选择了后者……"公司的很多同事陆续听说了我提出辞职的事情，我能感受到大家的惊讶，几乎没有人能够理解我做出的决定，毕竟我是当时公司里唯一一位从本土招聘的员工中成长起来的，并创造了罕见的好几次跳级晋升纪录的女性副总裁，在很多同事眼里我也算事业上小有成就，那我还有什么不满足的呢？他们可能无法理解，对于我来说，尊重内心的愿望，去做自己想做的事，比享受已经获得的更为重要。

2012 年底，索尼中国当时的董事长、总裁以及好几位高层管理者特地为我举办了送行晚宴，对于他们给予我的信任和器重，乃至友情，我一直深表感谢，也将铭记一生。这一刻也宣告了我从索尼这所拥有深厚底蕴的大学毕业了，我在这里收获了许多。在公司的最后一天，我给团队小伙伴们发了一封告别邮件，感恩在过去十多年的时光里能够与大家相遇和共事。对于我所做出的这个看似不同寻常的决定，我是这样解释的："我能想到的最好的理想，是让生命的本义不被世俗的事物绑架，让生命在阳光下成长。"此刻，我决定追随内心的意愿，开始我的下一个征程。

转型比想象的更困难

不忘初心

我知道这件事在很多人眼里不同寻常，甚至难以理解，因此，除了我老公以外，我一直没敢把我从索尼辞职的事情告诉其他亲人朋友。想象一下，家人或朋友如果问："你做得好好的为什么要辞职啊？那接下来你去哪里啊？"我能怎么回答呢？在当时貌似没有一个能够让大家理解的、足以支撑我做此决定的理由。

多年服务于外企的职业经历让我打造了扎实的专业业务能力，并且学习到了国际化企业运营的系统化思维、战略思维以及多方沟通斡旋和团队管理的技能。在中国创业企业崭露头角的时候，我特别希望能够将这些知识、经验、技能用来帮助我们中国本土企业发展壮大。我最看重的是尊重自己内心的意愿，去做自己想做的事，这样的过程和经历对我来说有着无穷的魅力，但是我没有办法考虑这样做的结果是什么，因为确实不知道，在当时也无法做出准确的判断，而"未知"也正是生命历程中最富魅力的一部分，这就是多数人所不能理解的地方，他们可能会认为我这个决定做得过于草率，因为大多数人生活在这个现实的社会中，不得不考虑很多现实的问题。如果我跟他们说出和我写给团队小伙伴们一样的话："我能想到的最好的理想，是让生命的本义不被世俗的事物绑架，让生命在阳光下成长。"我能想象到很多人都会笑掉大牙："这就是你做出这个决定的原因？太不现实了！"

所以我决定跟谁都不说。直到去京东入职的前几天，妈妈发现我没有像往常一样去上班，开始对我产生了怀疑，而这时距离我提出辞职已经有一个多月的时间，和原来的同事、老板都已经告别了好多轮了。实在挨不过去了，我只好跟妈妈承认："我已经从索尼辞职了。"妈妈惊讶得张大了嘴巴："啊？做得好好的为什么辞职？那你去哪儿？"我说："去哪儿暂时还不能告诉您，因为我所处的行业的性质（跟媒体打交道比较多），不方便随意地泄露信息。"妈妈非常伤心，她说："你连去哪里都不告诉我。"我说："您再等几天就会知道了。"

2013 年 1 月 15 日是个星期二，我正式来到京东当时位于北辰世纪中心的总部办公室上班。每周二正好有高管营销例会，我办理完入职手续后直接前去参加会议，一进会议室就看到了一屋子血气方刚的管理者，和我在索尼参加的每月高层管理者会议相比，坐在这里的人平均年龄可能要年轻 15 岁到 20 岁。我快速扫了一眼所有的参会者，围绕在会议桌周围的有十几人，没有看到一位女性。会议中我听到很多新鲜的信息，我汲取新知识的渴望开始被满足，我感到自己像一块海绵，快速地吸收着全新的信息。会上给我留下最深印象的是某位业务负责人的发言，他说他负责的业务计划年底增长 100%，我着实吓了一跳，我还记得几星期前开管理会议的情景，所有人都同意，20% 以上的销售增长时代已经过去了。

整个上午都在跑来跑去，中午才打开电脑，看到我不经常用的微博下面竟然一下子多了 230 多条留言，这又吓了我一跳，原来我从索尼辞职加入京东的消息刚刚被媒体报道出来了，无数业内的朋友，包括公关人和媒体人，显然被这个消息惊到了，一般人很难接受这么大的反差。紧接着就是一堆电话打进来，有的媒体要求采访我，有的给我致电表达他们的震惊。我接受了《新京报》的采访，说了这样一段话："一直以来我都在考虑把在跨国公司学到的知识、技能、思考方法以及积攒的经验，应用到帮助中国企业面向未来的 10~20 年的蓬勃发展。目前我已经基本完成了在索尼中国的使命，开始考虑到新的领域学习。刘强东先生是了不起的创业家，京东商城改变了包括我本人、我的家人在内的很多人的购物习惯，电子商务不仅是快速发展的行业，而且是不可逆转的趋势。"这一席话正是我决定加入一家中国本土创业型企业的初心，怀着这样的想法，我全情投入到了新的生活中。

当时京东的公关团队大概有 10 个人，其中一半是刚毕业或刚参加工作一两年的。有几位小组负责人相对资深一些，他们到我办公室开第一次部门会议的时候，看得出他们都很兴奋，我也很兴奋。加入这个新的大家庭，我很惊讶自己竟丝毫没有陌生感，可能因为自己的内心特别简单敞亮，脸上也自然而然地带着灿烂的笑容，我对他们说的第一句话是："我来了！咱们团队又多了一个干活儿的人！"

在正式入职京东之前，我就已在头脑中做好了准备：忘记过去的一切，开始一种新的生活。原来的经历艰辛也好，精彩也罢，都已经过去了，生活需要在此刻翻开新的一页，我非常兴奋再一次找到我的初心，再一次让我的人生从头来过。

每一天都是新鲜的

我感到在这里的每一天，遇到的每个人，经历的每件事都是新鲜的。

我办公室的窗户可以随意打开，这一小小的发现令我惊喜不已，以前在高档写字楼，窗户都锁得死死的，大厦里面常年都有新风；我以前的老板春夏秋冬四季永远是西装衬衫领带，因为无论做什么都有专车接送，冬天几乎不需要穿外套，夏天几乎不需要穿短袖。而我担任副总裁后也一直有一位司机师傅跟随，无论冬夏身着长袖衬衫和职业裙装或裤装，生活在一种"不知人间冷暖"的状态中。但我不知为何就是想呼吸外面的空气，为此每每还需要向行政部门借专用的工具才能把窗户打开一条小缝。来到京东上班，首先没有了专车，而多年不开车的我开车技术几乎已经荒废，想到早上要在寒冷的天气中打出租车上班，我特地在入职前在京东网站上买了一件挺厚的羽绒服和一双保暖的靴子。在这里上班的人穿着可谓是"全员混搭风"，根本搞不懂应该穿什么，因为从高管到普通员工，穿什么的都有，穿什么都不会有人觉得奇怪；很长一段时间里，我都不知道上班该穿什么，因为我只有两种衣服，一种是很正规的职业套装，另一种就是运动服，一个上班穿，一个下班穿，非常清晰和简单。可是在这里，貌似穿哪种上班都不是很合适，穿以前的职业套装会显得过于古板，而穿运动服上班感觉也不对劲儿。几年后我的穿衣风格跟以前相比已经完全改变了，或者说我在这里又建立了全新的穿衣风格。

工作邮件用中文写就可以了，这一点让我适应了好一阵，写的时候得一个劲儿提醒自己把邮件内容"翻译"成比较得体的中文。过去18年都是写英文邮件，产生了很大的惯性，在京东必须完全改掉。

而京东著名的每天早上8点半的管理层早会最让人称奇，不到半小时的会议有时能做出好几个相当重要的决策。管理层早会结束后，9点开各个部门自己的早会，这些最新的决定立即被传达下去，24小时内就能看到明显的落实效果，那感觉前所未有，简直不能更痛快。这也是初创公司才有的优势。对于像索尼那样业务遍布近200个国家的庞大的跨国公司来说，总部的指令传达到每个国家的分公司，再落实到基层的速度，有的地方恐怕要比京东多花10倍时间。

部门几位小组负责人告诉我，知道我要来，好多重要的事在等我到岗后开展。于是我在适应打车上下班、自己给手机充值（以往十几年都不需要自己为手机充值）等各种不熟悉的生活琐事的同时，开始每天马不停蹄地忙碌各种工作。

其中一件重要的事情是，我需要马上完成全年的预算制定并上交！我们以前的预算制定流程可需要至少两个月呢，包括总结上一年的工作，讨论、制订和汇报下一年的工作计划，根据工作计划和参考收入增长比率提交初版预算规划，然后再循环往复这一过程抠细节，直到第 N 版预算确定下来。现在哪里顾得上这么多，最多只有 4 天的时间还包括一个周末，算下来工作日只有两天，我和几个小组负责人坐在会议室里，没有人开投影仪，没有人准备 PPT，每个人就那样坐着，你看着我、我看着你，对面的一位同事就那么张张嘴就说出了新一年的预算规划。我一下子想到了那位陈述近 200 页 PPT 的部门负责人，不禁莞尔，这真是两个完全不同的世界。可是，即便是只有两个工作日，我也不能向没有足够依据和说服力的预算妥协，于是我要求每个人在原来规划的基础上，把工作计划梳理得尽可能清楚一些，包括跟业务部门尽快沟通业务的年度规划，以及有哪些对公关的需求。同时为了应对极为短暂的时间窗口，我随手拿了一张纸，在上面画了一个表格，列出工作项目、项目说明、每项预算的细节及总预算等框架，要求大家在第二天下班前全部填好。第二天已经到了下班的时间，我们几个人再次坐进了会议室，这次的讨论值得肯定的是大家比上次要言之有物了，并且我们可以在一张统一的表格上讨论，每一项预算的申请大家都必须讲出必要性和依据。但即便如此，也真是太像草台班子了，远远达不到我的期待，更称不上完美。我意识到我必须放弃原来的思维，否则就是搞死大家搞死我也搞不出我满意的结果。我把一些听上去不靠谱的枪毙掉，把一些公关业务的预算标准统一，整体梳理了一遍，当天大家一起讨论、修改、整合，弄到很晚，终于做出了一版新一年的预算提交给了上级领导和财务同事。

京东的管理团队每个月都会开经营分析会，我第一次参加的时候，为这个会议所展现的专业程度而吃惊，它完全改变了我之前和团队做预算时的感受，看来公关这块工作在我来之前已经疏于管理很长时间了。经营分析会上对于公司业务经营方方面面的分析相当理性和充分，在刘强东的高标准要求下，基于先进的 IT 和数据分析能力，加上财务极为专业的分析能力和独特精准的业务视角，管理层能够把业务情况和问题看得一清二楚，任何人绝不可能浑水摸鱼，刘强东和其他高级别的管理者可以据此做出重要的决策。就是在这次经营分析会上，对于上次营销例会中说到的某业务增长 100% 的目标，刘强东直接给予了无情的批评，他说："这个业务如果增长达不到 200%，就不要来见我。"过了不久，那位业务负责人果然不见了踪影。

年底年初是集中约见媒体老师的时候，感谢大家过往的支持，同时交流新一年双方的想法和计划，这种交流一般到中国农历新年前告一段落。由于我 1 月中旬才入职，部门的同事就把这件事一直攒到我入职后开始正式安排，那意味着在春节前我们需要拜访和交流的媒体数量相当多。我赶紧跟家人说，这段时间我就不回家吃饭了。与媒体见面交流是我过去很熟悉的工作中的一部分，很多媒体老师跟进消费电子和 IT 行业条线很多年，早就变成了老朋友。由于大家相识甚久，我们过去经常要考虑在这类传统固定的项目上如何能变一些花样，就像旧瓶装新酒，让老朋友们感受到一些新意。我想这次我恐怕要在京东的活动场合跟一些 IT 行业的老朋友见面了，这本身就足够刺激！然而，我惊讶地发现，九成以上参加交流活动的媒体人都是 20 多岁的年轻人，他们中的很多人并不是原来跑 IT 行业的那些记者，互联网领域的报道工作已经被大多数媒体单独划分出来，单设部门，以区别于传统行业的报道工作。我自己在公关行业近 20 年，每天都在与媒体人沟通，可是我发现这个圈子的媒体人完全是一茬新人，几乎没有我认识的！看来实际情况又超出了我的预想。

这些年轻的互联网圈记者跟我初次见面，友好地打招呼，他们之间都非常熟悉，聊得很开心，和我则不咸不淡地聊上两句，我能感觉到他们此刻心里的想法，那就是："估计这个人待不了几天就又走了！"我意识到两个问题：第一，互联网公司高管就像走马灯，经常换；第二，这个圈子的多数记者不知道我是谁，得和他们从头开始建立关系和信任。我意识到现实情况比我想象的更加复杂，需要花费更多的精力、付出更多的努力还有诚意，才能尽快达成我们的目标。饭得一口一口吃，先从认识他们、获得他们的好感和认可开始吧！我们开始加强与媒体记者的互动，邀请记者们参加我们组织的发布活动，体验我们的新业务和先进的运营设施，帮助他们安排高管采访，为他们及时提供所需的信息，跟他们每一个人探讨接下来好的选题，我们以更开放的态度，经过一段时间真诚、专注、专业的沟通，互联网圈的记者们和我熟络起来，我们的交往越来越多，谈论的话题越来越深入，我们与媒体的合作也越来越广泛。当然过程中也有一些莫名其妙的过往遗留问题乃至恩恩怨怨需要一一地去攻破和解决，不少事情真的让人很头大。

到了2013年初的时候，互联网圈热闹非凡，业内发生的事情此起彼伏，因此跟进这个领域的媒体记者们非常辛苦，哪家媒体都不甘心落下任何重要新闻，白天的时间他们经常要跑各家互联网公司获取新闻信息，晚上写稿常常写到深夜。

电商行业那时刚刚崛起，京东则面临传统势力和其他几个电商玩家的各种围剿，由于之前京东并没有体系化地开展公关方面的工作，那时在媒体上的形象相当混乱，很多人疯传"京东资金链快要断裂了"，公司也并没有任何官方说法来纠正市场上的传言。总之，京东与媒体行业之间还没有达成一种专业管理下的沟通机制，面向媒体的发布也没有什么策略和章法，而对突发事件的处理通常也只是见招拆招，背后没有专业的协调机制以及风险管理和预警机制。仅仅加强媒体沟通这一点对当时的京东来说就是需要补的一堂重要的课。

中国是一个媒体众多的国家，我曾经给管理层打过一个比方："中国仅仅是报道足球的记者可能就有数千名，由此可见中国媒体数量之多。如果我们不去跟负责跟进京东所在行业的媒体记者做好沟通，就意味着他们很难深入了解我们这家企业的真正想法和京东的商业逻辑，只有完全听任记者根据表面的观察随意地去写，何况还有竞争对手搞鬼，混淆视听。"入职后，在梳理京东的媒体沟通范围时，我发现这个工作确实还处于比较初级的阶段。后来，我们专门狠抓了媒体沟通工作，通过不到两年的时间，我们把媒体沟通范围扩大了10倍。

入职后的前几周，我一直处于兴奋状态，一方面感觉做了很多事情，另一方面又感觉想做的事情多得做不完，自己已经几乎在连轴转了。想到刘强东曾说："在京东没有年、月的概念，甚至没有周、天的概念。请大家用分钟、小时这种时间计量单位来做内部沟通。一个事情，在多少分钟、多少小时内完成，我们内部要这样说话。"这并不只是说说而已，大家就是这样做的，我切身感受到了互联网的快节奏和高强度。

除了快节奏、高强度，还要有狼性。一天晚上，公司里的一些高管一起聚餐，晚餐酒桌上的氛围是火热的，我感觉每个人的眼睛里都放着光，几个人时而就因为一个事情脸红脖子粗地争论了起来，然后一个人说："你敢不敢定这个目标？"另一个人回应："我有什么不敢的！""好，那把这杯酒干了！"我心想，这是要玩命。但是过去几年，京东的很多事情就是这样做到了，实现了跨越式的发展。

入职京东的第一个周末早上醒来时，我回想了一下过去这几天，感觉自己像做梦一样闯入了一个全新的、陌生的世界，新鲜、刺激、忙碌、拼，还有很多事情于我而言仍然情况不明。"不行，我得开始锻炼了。"我对自己说，这是我当下唯一清醒认识到的必须要做的事情，我意识到，如果照这种工作节奏和工作强度，不锻炼身体是不可能支撑下去的，再美好的初心，再热情的愿望，都会因身体无法承受而不得不放弃。

我边起身边想，这个周末我还需要写周报，还需要回顾一下上周的工作，还有几件悬而未决的重要事项需要尽快做决策，周末大部分时间需要工作，没有时间去游泳馆或者网球场了，最节省时间的锻炼方式就是在小区里跑步。

我吃过早餐，40分钟后做好准备冲出了家门，一头扎进了寒冷的户外。1月底的北京是全年里最冷的时节，想想过去十几年我工作一直很繁忙，我也总是提醒自己要开始锻炼，但是始终没能好好落实。这回我感到头顶上就像悬着达摩克利斯之剑，如果再不开始锻炼身体，这把剑随时有可能掉下来，将我撂倒。小区里只有几个遛狗的人还在坚持户外活动。我顶着寒风跑着，一边吸入寒冷的空气，嘴里冒着白气，一边不断给自己暗暗设定目标——先跑到下一个路口，等跑到下一个路口，再给自己设立一个新的目标——再这样跑一圈，就这样我跟自己较着劲，要从自己身上榨出更多的潜能和力量。

从负数开始做起

团队原来的工作很快就梳理完了，因为没有多少积累。网络上充斥着对京东的负面报道：京东资金链就快要断裂了，"8·15"大战的三家企业都是骗子，还有各种杂七杂八的负面或质疑京东的声音。我发现原来的舆情监测服务相当简陋，无法满足全面了解舆情并依据舆情分析制定公关策略的目标。我们立即着手完善舆情监测系统，舆情监测报告出来了，京东负面敏感报道占了整体报道量的50%。这个数字着实吓了我一跳。原来我以为要做好从0到1的准备，哪知我们需要从负数开始。

我回忆起刘强东在1月1日开年大会上进行的激情昂扬的演讲，那时我还没正式加入公司，被特别邀请在2013年新年的第一天参加全公司的年会。刘强东当时身着西装，站在一个宽大的舞台上，面对上千名员工代表侃侃而谈：

"京东商城这十几年的历史，是不断超越一个个'巨人'的历史。京东最不缺的就是超越，其实我们每天都在进行自我挑战，不断刷新自己的纪录，我们就是超越一个又一个竞争对手走到了今天的。"

他说："过了2013年，我们就将进入京东商城的第二个十年。第二个十年将超越第一个十年只是做一个电子商务公司的概念，将围绕下面三个方向进行发展：以技术为驱动的电商业务；以技术为驱动的开放服务业务；以技术为驱动的数据金融业务。"

"新的十年，我们员工的满意度、幸福度将作为我最重要的考核指标。我们多数员工来自农村，我本人也来自农村，我们的父母都很辛苦，劳累忙碌了一生，但是很多父母到今天为止都没有过上安宁的生活，我希望在第二个十年，也可以看到京东人的父母更健康，获得更多的关爱和人生享受。"

这是我第一次听刘强东演讲，当时对于他所展现出来的创业激情、远大志向、方向感、责任感，乃至对员工和家人的关爱，都很认同也很感动。当时想，如此优秀的企业家、如此优秀的公司，怎么让媒体报道成了那个样子？

这时候，我原来在索尼一手搭建完整的公关体系的宝贵经验和扎实的媒体沟通策略能力和执行能力，以及多年积累的大量中高层媒体资源开始发挥作用了。

在中国农历新年前后马不停蹄地与大量媒体沟通交流之后，3月，我分别安排了一家著名网络科技媒体和一家著名财经媒体采访刘强东先生。其中一位记者获得了采访刘强东的机会，非常兴奋，因为2012年"8·15"之后，他已经好几个月没有接受过任何媒体采访了。这位记者一下子列出了近30个问题，我看了一下，发现十多个问题都非常激进，更糟糕的是这些问题全都基于不准确的信息和一些虚无缥缈的市场传言，有的则是竞争对手炮制的市场传言。我拨通了这位记者的电话，我对他说："你想不想通过这次采访看到一个真实的刘强东？"他说："我当然想啊！求之不得！"我说："那我给你一点建议。"在我的建议下，那些没有准确信息来源、基于传言的问题，以及一些非常容易瞬间激怒被采访者的问题被调整了，变为引导被采访者更加深入地讲出他作为京东这家快速成长的创业公司的创始人，对于当前电商市场竞争环境、对于消费者的洞察、对于公司商业模式和发展战略等的思考。

我对他说："我们的目的是展现一个外界还并不了解的、更加真实的刘强东，我相信对于你的媒体来说，对于整个行业以及大量的创业者来说，此刻这将是最有价值的报道。"他认同我的说法。在给刘强东先生准备采访资料的时候，我没有提及这些，建议他可以放松地与记者进行深度交流。后来的采访进行得很顺利，刘强东先生很放松，侃侃而谈。当时京东的一些做法不被大多数人理解，随着交流越来越深入，刘强东先生把京东商业模式背后的思考与记者进行了分享。

由于展现了相当多全新的观点，专访文章发布时被置于该网站科技频道的头条位置，作为网站的一则重磅消息推出。与以往报道刘强东和京东的媒体文章相比，这一篇报道较为充分地展现了刘强东更多真实的和深入的思考，对于京东的商业模式也有了一个比较深入的阐释，而不仅仅是一些看似极端、冲动的话语。这篇文章的发表引起了业内的轰动，几个月未露面的刘强东，一出场就以一个更加理性、更加接近真实的自己——一个简单实干、充满激情、认准了方向执着向前的创业者——的形象出现在了公众的眼前。媒体和公众觉得跟他们以往认为的刘强东相比有些陌生，那是因为刘强东是一个性情中人，如果说上100句话，其中可能会有一两句话说得比较极端，而很多媒体往往只报道这一两句看上去比较吸引眼球的话，并把这样的话作为标题进行无限放大，从而导致人们印象中的刘强东和真实的刘强东并不一致。而我希望通过这篇深度采访文章达到尽可能还原一个真实的刘强东的目的，让人们看到一个激情创新的创业者和他充满前瞻性的思考。

建立舆情监测系统、梳理媒体资源、拜访媒体、安排专访、开展一系列新闻发布活动、提升新闻稿件的质量、策划营销战役和大促的公关传播、举办大型行业推广活动和重磅发布活动、处理各种突发事件、组织内部危机管理跨部门小组……几乎所有的事情都需要从废墟中一点点建立，我把过往十几年的经验浓缩再浓缩，让自己满负荷运转，让京东能在尽可能短的时间里拥有自己的专业公关体系，并通过深化专业化运营，扭转原来形象"负数"的局面。一年半之后，关于京东的负面敏感报道已经不超过 5%，并能够在一段较长的时间里稳定在这一水平。

与此同时，在踏入这个全新的世界之后，我也惊讶地发现，以往积累的经验可以立刻直接用在工作上的大概只有 1/3；还有 1/3 暂时打包放到柜子顶上，需要等到公司发展到一定阶段的时候再打开应用；剩余的 1/3 几乎可以直接作废了，也许再也用不上了。这种情况是我以前完全没有料到的，只有身处前沿地带你才能深切地感受到知识的更新和外部环境的变化有多么迅速，这令我再次真正警醒，当时的想法是也许我应该更早一点从象牙塔一般的索尼大学出来闯荡社会。在这里，我需要完全以创业者的思维开拓天地。

每个人接受成为创业者的洗礼

时间推移到两年后，2015 年的初春。

天刚蒙蒙亮，我和另一位女性管理者在帐篷中睁开双眼，看了看表，差 10 分 6 点，我们俩迅速爬出帐篷，和另外 30 多名同事一起在一片玉米地里迅速集合，然后大家列队走到旁边的小路上开始5公里跑。这是公司组织的一次高管团队建设活动。就在前一天，我们这近40名高管一起被拉到了离北京城近100公里的地方，大家被分成了几组，每一组需要进入不同的村庄去考察，并且身无分文，连手机也被收走了，我们需要靠自己的本事吃上中午饭。

这群高级管理者来自不同的地方，有的是来自华尔街的精英，有的是来自外企的资深管理者，有的是来自创始团队的高管。海归们和外企人应该从未有过在这样的境遇里生存的经验，即便是创始团队的成员，也早已脱离了早期艰苦的环境。为了吃上一顿中午饭，大家想尽了办法，最后我们的小组幸运地遇上了一位好心的大嫂，给了我们几个馒头，还有一位大哥，给了我们几块发糕，我们勉强填饱了肚子，当然没有奢望还能吃口菜、喝口汤。后来听说有的小组居然在老乡家里吃上了现煮的面条，有面有菜有热汤，还和老乡聊得挺热乎，拿到了很多第一手信息，真是无比佩服他们的生存能力。

晚上我们每一组被允许用50元人民币解决团队的晚餐；我拿着50元钱，就像捧着全组人的命根子，立即在村口的小卖铺买了菜和肉，组织者提供厨具和调料，回到玉米地大本营，平常在家不怎么做饭的我，那天傍晚借着落日余晖，给大家做了香喷喷的红烧肉、扁豆炒肉、番茄炒蛋等好几道可口的家常菜，大家高兴地在玉米地里狂吃。吃完晚饭，我们利落地收拾好残局，腾开地方开始一起扎帐篷，这块玉米地就是我们即将下榻的地方。晚上无法洗澡和换衣服，我们就直接和衣而卧，在帐篷里一觉睡到天快亮。这也是我长这么大头一次睡在玉米地里。

慢跑5公里对我来说已经不是什么难事，只是前一天没有休息好，艰苦的睡眠条件让人感到浑身酸痛、有些疲乏。在小路上跑了没多久就遇到了上坡，这样的障碍也会加大体力的消耗。但两年多以来，我对于不得不在各种预料不到的困难或超出想象的困境下仍需确保使命必达这件事已经很有心得，这也是京东人必备的素质，大家都习以为常。跑步结束后开始吃早餐，组织者预备了粥，恰巧我们的首席财务官也正在我的旁边喝粥，他是曾经在华尔街顶级金融机构工作过10年的海归精英，个子高挑，风度儒雅，气质超群，很难想象他也和大家一起经历了玉米地里的一夜。我问他："您感觉怎么样啊？我这还是有生以来第一次在玉米地里睡了一宿，哈哈，感觉真是太奇特了！"这位风度翩翩的首席财务官头发已经有一些花白了，这让他的气质中更增添了权威感。他边喝粥边说："哦，是吗？我也是头一次睡在玉米地里，没问题！"就是这样，在这里，每个人都要接受成为创业者的洗礼。

早餐后是一天的会议，我们从玉米地转移到了大队部的会议室，大家把这间好比电视剧中游击队驻地的屋子当作了MBA（工商管理硕士）课堂，完全无视它的简陋和朴素，也许平常村主任会在这里安排收粮食的事儿？我们对此不得而知，认真地分组讨论了农村电商、O2O（线上到线下）、物流下沉策略等题目，我也代表我们小组用一张图画描绘出了我们组讨论出的农村电商的不同场景和对应的策略，还跟大家分享了是否应该大举进入O2O业务的观点。就是在这间简朴的大队部会议室，刘强东提出了著名的 3F 战略——工业品进农村战略（Factory to country），农村金融战略（Finance to country）和生鲜电商战略（Farm to table）。由此，京东的农村电商业务轰轰烈烈地开展了起来。我相信，这绝对是这间大队部会议室里迄今为止发生过的最不同寻常的事情了。

这不过是一次京东高管团队的团队建设活动，但是从这样一个活动中也可以看出，像京东这样的互联网创业企业，对于创业者的各种素质要求远远高于我加入之前所能想象到的。有几位曾在玉米地里留下欢笑和汗水的高管，几年之后，在我的策划和安排下，身着最高档的西装出现了瑞士达沃斯小镇一年一度的世界经济论坛年会上，这是全世界顶级政商精英的聚会所在地，全世界约有 70 位总统、首相级人物和近两千名顶级企业商业精英聚集在此。我们的阵容是京东集团旗下零售子集团、物流子集团和金融子集团的 3 名 CEO 和公司首席战略官、首席人力官和大数据首席科学家。在这里，我们向全世界宣告京东管理层团队对全球合作伙伴与客户的坚定承诺；在这里，中国本土成长起来的京东高管频频会晤全球顶级企业的 CEO。那位当年在玉米地旁边的村子里，成功地"骗到"在老乡家煮热汤面机会的人，当时即显示出了技高一筹的本领，此刻当他出现在达沃斯时，已经成为京东零售子集团的首席执行官，承担着整个京东集团 90% 的业绩目标。

我虽然无法成为一个高标准的创业者，但在京东 6 年多的时间里，那种创业者的精神和真实的创业氛围始终不断地激励着我，熏陶着我，让我常常能够找回初心，常常回想起内心的信念和使命感；让我不断受到激励，不断尝试去突破和改变自己；让我既能漂亮地游走于世界顶级国际组织，又能随时挽起裤脚下泥地干活；让我不畏任何艰难险阻，时常觉得自己像一个战士，随时做好上战场的准备，即便冒着枪林弹雨也一定要使命必达。这就是我所感悟到的京东创业精神，也是这一次不同寻常的职场转身带给我的最大的收获。

4

让心智更成熟

承认别人在一些地方比我们做得更好并不可怕，最可怕的反而是我们只看到对方的劣势，并以为自己所拥有的竞争优势坚不可摧。把心态放平，理性客观地看到对手的优点，并把这些别人做得好的地方作为我们不断提升自己的鞭策和参考，会让我们处于时时警醒的状态。

发现新的自己

初入职场的年轻人都要经历一段懵懂的时期，尤其是第一份工作，或者刚刚换新的工作，或者正处于个人的转型阶段，在这样一些阶段，你每天都会面对大量的新事物，我们在这样的时刻，需要重点关注两个方面——事和人。

首先你需要尽快地熟悉具体的业务和所在行业的发展态势，了解市场上的竞争格局、公司在行业中的定位，最好还能够了解到公司在这一行业和市场上的竞争策略、发展策略以及中长期的发展目标，同时你需要快速地理解你所在的部门的目标和老板的指示，并把这些部门目标和精神融入整个公司大的发展图景中去理解和吃透。

我们还特别要注意的是，仅仅关注接触到的全新的事是远远不够的，关注自己周围全新的人同样非常重要，可是这一点往往会被很多人忽视，从而导致职场中很多不必要的烦恼。我们要和部门的新同事们、跨部门的老板们、同事们都打好交道，在与大家沟通、交流、合作、探讨的过程中注意观察和了解他们各自的风格、所擅长的事情和不擅长的事情乃至他们的脾气秉性，甚至沟通上的雷区，这些将帮助你提升沟通的效率和工作的效果，促使你与他人的合作得更加顺畅。

对于一个职场新人来说，如果在与他人合作的过程中遇到瓶颈，你又揣摩不出别人是怎么想的，或者是揣摩了也仍然不得要领，且这种模棱两可的状况已经开始影响工作的推进，那么建议你重新确认双方合作的大目标，是不是和你所在的部门与合作部门之间的共同利益以及公司的利益相吻合，你需要确保所有的做法都是朝着双方共同的大目标推进的。同时，为了让沟通更加简单高效，你可以尝试更加坦诚地告知对方你是如何思考的，询问对方是不是自己哪方面考虑不周，探寻影响工作推进的真正原因。坦诚沟通会有助于你和其他团队成员的合作，大家都可以在沟通的过程中更尊重对方，且知道该如何尊重，同时能提升沟通的效率，也有助于更好地挖掘双方的合作潜力，更重要的是更坦诚的沟通能避免将沟通拉入雷区，减少了不必要的误解，还能通过兴趣爱好找到更多的好朋友，让你的职场生活更加简单快乐。

当一个组织变大了之后，如何让团队成员之间的沟通更有效就会变得愈加重要。在京东，我们采取了各种各样的方式提升大家对这方面的关注，其中一个很有趣的事情是，京东的每一个高管都有一个牌子放在办公桌上，这是公司创始人兼 CEO 刘强东先生为了提升团队沟通效率和合作效果的很有意思的一个小创意，每个人的牌子上都有自己心中喜爱的或能反映自己某些特质的卡通形象，旁边用温馨的字体标出一些自己的性格特点，还有与他人共事时希望对方体谅的地方乃至雷区，并附上了一些个人的兴趣爱好。后来人事部把这些汇集成册，叫"京东英雄谱"，这样，每一位高管就有机会了解其他几十位不同部门的负责人的性格特点、共事过程中希望对方体谅的地方及雷区，以及他们各自的兴趣爱好。

在这本别具一格的册子中，我看到我们的高管们纷纷变成了闪电麦昆、令狐冲、哈士奇、阿凡提、擎天柱、穆桂英、巴克队长、张飞、美国队长、包青天、成吉思汗、亚瑟王、春野樱、猫女、海豚、花木兰、一休、哆啦A梦、朱迪警官、北极熊、乔丹、蜘蛛侠、维尼熊……在"共事中希望对方体谅的地方及雷区"一栏中，则展现出了各种各样的特征——"我说话比较直率，不太会拐弯抹角"，"我耐心很差"，"我有时会急躁，偶尔情绪化"，"请给我一些时间，让我充分思考后做决策"，"我不喜欢为没有意义的事情和争论花时间"，"我有时说得少，其实并非不在乎"，"看不到结果容易不分场合发飙"，"我不喜欢本位主义"，"我不喜欢过于江湖气的沟通"，"看重内容"，"我不喜欢形式主义"，"我不喜欢推卸责任、不解决问题的人"，"思维缜密，有时看似犹豫"，"力争完美、略显苛求"，"我爱操心，有时做事会超越自己的职责边界"，"看不惯不公平"，"不能接受沟通不真诚、自我主义"，"我表面看着有点冷淡，但内心不是"……而在兴趣爱好一栏，我看到平日在职场中紧张忙碌且略显严肃的高管们很多人爱好旅行、运动、读书、音乐、电影、美食，也有人喜欢喝点小酒、装点自己的家、玩游戏、打扑克、做手工、绘画，还有一些人喜欢不断探寻新奇的事物。我发现这个方法真是绝妙，快速成长的公司可以试着用这样的方法让团队成员们更快地达到一种和谐、高效的工作状态。

当然，你还需要熟悉公司人事、行政、法务、合规、财务等方方面面的政策和规定，在这些方面每家公司在专业性上大同小异，差异则反映了不同公司拥有的不同价值观和文化，当你看到有一些规则是着重被强调的，你就应该联想到这样的规则反映了公司特有的价值观和文化。有很多新入职场的年轻人常常不重视这些看似比较边缘化的公司职能，不小心在意想不到的地方生出来一些麻烦。而如果公司能够将重要的规则在职场中给予更加明显的提示，不仅提示了员工的关注，也会获得更好的管理效果。这就好比在公路上开车，导航常常会提醒哪里有摄像头，在一些超市也常会看到"此处有摄像头"的标识，这些提示在帮助人们更多地关注规则的同时也会减少人们对于规则的破坏。

刻意地观察、感悟、思考事和人以及价值观和文化，能够帮助你更好地度过初入职场或更换工作后的适应期。在这个阶段，无论是对事还是对人，怀有好奇心并持有一个积极学习的心态非常关键，这样你才能更快地融入新的职场环境，发挥出自己的比较优势，提高与他人的沟通效率，更快地产出有价值的结果，成为公司中的积极贡献者。你的思维千万不要总是停留在以往的环境和规则中，也不要对以往的行事方式念念不忘，开放你的心态去迎接和积极拥抱新的事物、人和环境，从中不断发现新的知识、激发新的力量，积极向前的心态也将帮助你发现一个新的自己。

我们公关部刚刚成立国际公关团队还不到一年的时候，来了一个大学刚毕业的小姑娘，她是京东的管培生，主动申请定岗到国际公关部。国际公关的工作门槛比较高，核心的输出包括写英文新闻稿和与国际媒体沟通等，这两件事都需要母语为英语（后来又发展了多个非英语语种）的外国人来做，比较资深的中国同事则会与公司各个业务部门的业务负责人以及负责国内市场公关传播的同事们密切对接，及时精准地挖掘国际媒体感兴趣的新闻素材，然后与国际公关团队负责人及外国同事一起商讨国际媒体沟通和传播策略。

她初来乍到，所拥有的技能就是英语，对国际新闻和国际媒体一无所知，所以她的上级安排她先从媒体监测、分析英文报道、做采访资料的翻译这样的基础工作做起。然而，由于与国际媒体的沟通要求极高，这样的基础工作她做了近一年都没有能够接触到核心业务。她原本是学校的高才生，看到周围的小伙伴在职场上纷纷有了明显的进步，她当时对自己非常灰心丧气，怀疑老板不喜欢也不认可自己，看不到职业发展的方向，对自己几乎失去了信心，甚至开始怀疑自己当初的选择是错误的。然而，她是一个不服输的人，面对困境会不停地想办法，也会积极主动地寻求突破。在对公司的业务和国际公关的做法有了更深入的了解之后，她每次在完成上级分配的工作的同时，还会主动思考这项工作是不是可以做得更好，并积极地向上级做出有价值的反馈。与此同时，她也在积极地寻找进入业务传播的机会。有一次全球购部门与英国贸易协会达成了商业合作，在此项合作的国际传播方面，双方的沟通却一度陷入停滞，如果没人继续推进，这件事恐怕也就过去了。她抓住了这个机会，主动请缨，获得领导授权直接与英国贸易协会沟通协调，最后终于成功推动了此合作项目面向国际媒体的传播，工作的成果也获得了领导的认可。从此，她开始正式进入业务领域的国际传播。后来，公司开始大力推进"技术驱动"的战略，这对于当时的国际公关来说也是一个全新的传播领域，她凭借自身理工科的背景和对技术的浓厚兴趣，再一次主动请缨，提出来希望让她尝试做技术类话题的国际传播。开始业务部门并不重视国际传播，但后来她与上级共同制定的海外传播策略、专业细致的媒体采访规划打动了业务部门，在成功安排了国际媒体的现场体验和采访后，京东的无人机在全球逐渐打响了名气，获得了超高的国际关注度。她负责的业务领域越来越多，并且仅仅两三年的时间就已经成为国际公关部核心成员之一。

在她初入职场的几年，经历了在适应期对自己快要失去信心，然后主动求变，到后来工作压力大而难以应付，到现在可以游刃有余地负责重大项目的职业进阶历程。总结这段心路历程时，她说："我的内驱力比较强。我首先会把每一次领导分配的工作任务尽量做到最好，然后还会积极主动地提出去做更有挑战的工作。"现在的她可以从容地负责多个国际传播的重大项目，基于她扎实的功底和专业的能力，她对自己所做出的重要策略和决策也非常有信心，完全可以承担责任。在与人接触方面，她也有很多心得，她说："我是一个脾气比较急躁的人，但是工作中我需要做大量跨部门的沟通，接触很多不同的同事，这时候需要把自己的性格放到一边、放低自己的姿态；这个过程中肯定要善于管理自己的情绪，也要善于建立和利用自己的人际关系网，只有做好与各个合作部门的同事和领导们的沟通，我的工作才有可能顺利完成。"与她合作的部门同事也见证了她的成长，从一开始不重视，怀疑是否需要做国际传播，到非常认可她的工作，对她的判断力、专业能力和敬业态度都称赞有加，最终达到相互成就的最佳效果。她用自己的努力发现了一个新的自己。

记得我加入京东后不久的一天，接近下班的时间了，突然有四五个人急匆匆地来到我的办公室说："我们有一个急事要跟您商量！"原来是这个业务部门突然发现在他们所在的垂直领域，一家竞品公司当天突然抢发了一个新闻，而原本京东在这方面做得比那家竞品公司领先，这有可能导致我们的潜在客户对于整个行业的真实情况产生误解，这让他们非常焦急，业务部门的负责人希望我们第二天就开新闻发布会，发出我们自己的声音。我立即把负责相关领域的公关策划和媒介沟通的同事都叫进了办公室，他们都刚来公司不久，两个人异口同声说这不太可能，时间太紧张了，根本没有时间准备。此刻工作突然难以推进，因为两个部门的认知出现了很大的差异。这时候，我请业务部门的负责人给大家再一次较为深入地说明此事发生的背景以及可能对公司产生的恶劣影响，大家听了以后都有些着急了，两个团队开始一起发动头脑风暴，经过近一个小时的讨论，确定了共同的目标，决定第二天下午就召开小型媒体沟通会，当天晚上负责媒体沟通的同事马上打电话邀请比较关键的新闻记者。然而，负责撰写新闻稿件的同事虽然曾经是一位有过 14 年财经媒体工作经验的资深媒体人，对于他来说这个稿件却非常不容易确定撰写的角度，直到第二天下午记者们如约而至，他还没有写出来令他满意的稿件。于是，我们就请媒体朋友们先坐下来听业务部门负责人的发言，在媒体沟通会即将结束的时候，新闻稿件终于完成。在我十几年的公关从业历程中，从未做过只有不到一天准备时间的新闻发布会，我们的公关策划同事以前也从未撰写过这种类型的稿件，我们的媒介沟通同事做了那么多年媒体沟通都从未如此紧急地邀请媒体朋友参加一场将在 24 小时内举办的新闻发布活动。但是，没有什么不可能，我们扔掉以往经验包袱的同时也充分利用了我们的经验和资源优势，我们做成了！这个紧急行动达到了业务部门在行业中及时发出我们的声音、及时"拨乱反正"的目标。我们这些资深的公关人、媒体人来到新兴的互联网行业，一切都是新的，那么不妨忘记过去，再发现一个新的自己，也许你会发现，没有什么不可能！

先问你为公司做了什么

我曾经听到过不少80后、90后的职场人聊到自己付出了很多，感叹生活的不易，抱怨社会的不公，最后还常常得出结论说是自己的命不如别人好。

我想说，没有人可以随随便便成功。与其抱怨社会不公、命运不好，不如认真思考自己到底应该在哪些方面改进，什么地方还可以做得更好，让自己不断进阶，成长为更好的自己，这也是我过去多年来始终对我的团队说的话。

前面提及了当很多高管坦诚分享自己在沟通上的雷区时，他们中间至少有70%以上的人都不约而同地会说自己"有时会过于直接，会显得强势"，甚至"看不到结果容易不分场合发飙"，这些坦诚的表述至少反映了如下几点：第一是高管大都是急脾气，提出要求后恨不得马上看到工作落实下去；第二是每项工作必须要有结果，如果看到团队输出不符合自己预期的结果，则不能接受。很多老板还是完美主义者，进入职场几年后，我曾经有过一任老板，对我们的要求非常严格，除了所有老板都有的急脾气和要结果的特点之外，工作上总是有更高的要求，一旦看到我们做得不完美的地方就会批评或训斥，做对了那是应该的，从来不会表扬。一天的工作总算结束，但是回家的时间也给我们布置了读大部头英文书的作业。我记得当时一位女同事快要受不了，偷偷跟我抱怨："别人都是严以律己、宽以待人，可他真是严以律己，也严以待人！"由于接受不了这种超出常规的高要求和工作压力，这位女同事很快就辞职了。但是，对于初入职场不久的人来说，如果你遇到这样的老板，我想说你是幸运的。这段时间虽然特别辛苦，下班后也不能像其他朋友那样去玩去爽，我们却比其他同龄人学习到了更多的知识，丰富了自己的头脑，也提升了自己的心智。所以，严格的老板其实是最好的老板，他帮助你为自己设立更高的标准，让你更快速地成长，为未来脱颖而出建立基础。如果你总是对比着自己的薪水来付出相应的时间和努力，拒绝更多付出，也许短期来看你没有吃亏，但这可能会让你丧失未来更大发展的机会。

所以，如果你在职场上总是不如意，就要好好回顾一下自己在事和人两个方面做得如何，有没有把业绩做到最佳，有没有做到最好的自己，有没有在市场上做到领先，有没有达到老板的更高期待，有没有知难而进……而不是总摆出许多做不到的理由，唯独不去认真思考怎样才能做到更好。而当我们真正客观理性地去分析这些所谓做不到的理由时，我们会发现，这些理由大部分都不应该成为做不到的理由，因为这个世界上就有人可以做到，所以最关键的还是人的因素，如果做不到，那么也许要改变的是你自己。

我常和我的团队说，虽然我们是在公司内部的一个部门，但我们所从事的公关工作属于咨询服务行业，公司里每个业务部门或合作部门都是我们的客户，我们在把握好公司整体核心传播目标、策划公司层级的战略性传播的同时，也要放低姿态，以客户服务的姿态帮助业务部门传播，帮助业务部门实现更好的业绩。内部客户也千差万别，不是每个合作部门都尊重和理解公关部门的工作，有的同事曾经跟我抱怨，个别部门根本不尊重我们的劳动，很重要的事情临时改变搞得我们很被动；我们基于大量调研、头脑风暴，付出大量心血按要求反复多次修改公关策划方案，最后却临时被告知整个项目取消，白辛苦一场——这样的事情不胜枚举。这时我往往会和团队同事说，我们首先要找自己的原因，要思考我们自己是否还可以改进，例如，我们是不是应该在关键的时间节点到来之前，提示一下对方，再次确认各项重要事宜，以便我们继续推进？我们是不是应该更深入地了解业务方面最根本的诉求到底是什么，从更全面的业务视角去思考，而不只是聚焦于公关方案的完善？

我自己也曾经亲身经历过三年都无法说服一条重要产品线的负责人在中国开展日常公关的境遇，只因为他是一个多一事不如少一事的产品线负责人。然而我们在过程中一直在密切观测整个市场的竞争态势，在公关传播策略方面也积累了很多思路，我们做好了随时可以开始公关工作的准备，正因如此，新负责人一到岗，我们一拍即合，马上就开展了我们一直希望开展的系统性的公关传播工作，与业务部门紧密携手，共同赢得了更好的市场口碑和更高的市场份额。所以说，机会永远留给有准备的人。20多年来，我从未因为这些挫折感到灰心，因为我觉得每一次思考都让我们有所收获，每一个实践都帮助我们成长，每一份经历都是我们的人生财富。所以在我的头脑里从来没有所谓的"白辛苦"的概念，也许很多创意未能实现，也许很多付出不曾有回报，也许很多人因此感到"理想很丰满，现实很骨感"，但是我却从未有"吃亏"的感觉，我们认真的付出本身就体现了我们对生活负责任的态度，就是对我们自己最好的交代，我的内心无比踏实，并一直对能够有这些难得的实践机会充满感恩。所以我认为，永远将精力聚焦于思考不断改进，而不是计较是否有回报，会让你的职业生涯更开心，人生更有意义，而更多收获往往也就随之而来。

在我职业生涯的一段时间里，曾经几次被破例跳级提拔，并且每次老板通知我被提拔时，我都感到很突然，因为确实没有想到会被提拔。当我将精力完全聚焦于如何不断改进和提高工作质量与效率时，没有时间去想会得到什么回报。我想，可能正是这种对待工作的心态，让我在职场上收获了一些意外惊喜吧。

在职场中我们也会遇到这样一些人，心里总是在算计自己能获得多少回报，一切工作都是为了获得更多的权力，当这样的人身居高位的时候，往往会显得不可一世，和他们在低级别的时候相比就好像变了一个人，对于这样的人我们要特别小心。这样的人不仅仅自己不快乐，也会给团队带来负面的影响。在公关行业里，有不少公关公司在为企业内部的公关部服务，这个群体往往付出得更多，非常辛苦。有些企业内部公关部的人对公关公司的同事非常不客气，有时甚至到了不把公关服务公司的同事当人看、随意支使的程度。我特别看不起这种一身居高位就颐指气使的人，这只能证明他们很狭隘。对于为我们提供服务的公关公司，我一直把他们当作我们团队的一部分，像尊重我们自己团队成员的劳动一样尊重他们的创意和劳动。大家是平等的，只是工作分工不同，只有我们大家有了共同的目标，将整个团队的主动性和才能都充分发挥出来，精诚合作、完美配合，才有可能打一场场漂亮仗，为我们共同的客户提供最高质量的服务，甚至拿出超越期待的结果。

肯尼迪总统曾在他的就职演说中说："不要问你的国家能为你做什么，而要问一下你能为你的国家做些什么。(Ask not what your country can do for you, ask what you can do for your country.)"这句话用在职场上也很恰当："不要总问公司应该为你做什么，先考虑你为公司做了什么贡献"，说的就是要有一种主人翁的担当精神和使命感，要首先以实现公司的大目标作为自己的工作目标，充分发挥自身的价值，遇到问题马上去解决，遇到困难马上去克服，遇到障碍马上去清除，去尽自己的努力为公司的发展壮大做出积极的贡献，而不是一上来就斤斤计较。

"凡事往简单处想，往认真处行"，这句话出自巴菲特的黄金搭档查理·托马斯·芒格（Charlie Thomas Munger）先生。查理·芒格先生如今已经95岁高龄，在过去的46年里，他和巴菲特联手创造了有史以来最优秀的投资纪录——伯克希尔公司股票账面价值以年均20.3%的复合收益率创造了投资神话，每股股票价格从19美元升至84487美元。成大事的人往往想法更单纯，为着一个不变的理想矢志不渝地努力，心无旁骛地认真做好通往目标道路上的每一件事情，而不是从一开始就刻意去追求回报与财富。我从来没有见到过一个斤斤计较的人能成大事。如果回报与财富眷顾了这些为目标矢志不渝、一往无前地努力的人，对他们来说这些也都是水到渠成的身外之物。

阅读带来思想上的升华

职场进行曲第一乐章结束后，就进入了第二乐章的变奏曲或慢板。这个阶段同龄人之间的差距开始拉大，因此这个阶段对于职业生涯来说是一个非常关键的阶段。

小 A 和小 B 是同班同学。小 A 在职场中表现得很认真负责，努力做好每一件事情，回到家后还会经常通过阅读、学习、深造等方式不断提升自己；小 B 喜欢喝酒聊天，每每下了班就拉上三五好友吃饭聊天，直到很晚才回家休息，根本没有时间读书、学习和思考。日复一日，年复一年，小 A 和小 B 之间开始有了越来越明显的差距，10 年以后，小 A 大大地拓宽了自己的职责范围，并成为公司的高层管理者，肩负重任，前途远大；小 B 还是干他的老本行，业务上越来越娴熟，但也只是做个项目经理。更关键的是，从未来发展的角度看，小 A 和小 B 日后可能会成为生活在不同的精神世界的两个人，他们对经济格局、商业模式、市场趋势、经营管理，乃至人生价值观方面的认知水平都不会在一个层次上。

从小 A 和小 B 的故事中我们可以看到，是否能够从职场生涯初期就一直坚持学习和不断提升自己，决定了职业发展能否有十足的后劲。大学毕业或研究生毕业并不是学习的结束，而是新的学习的开始，实际上，无论在生活中还是工作中，我们的一生都需要不断地学习新的知识。一个人的学习能力非常重要，过去长期积累的经验并非是最重要的，有时一些陈旧的经验甚至可能会妨碍发现新的机会，只有不断学习新的东西才能让我们跟上这个时代的发展。我的亲身感受是，阅读能够让我们的知识库有更加丰富的储备，思想上不断升华，书在我们的一生中都是很好的老师。我阅读的书籍从小说、散文、传记，到管理学、心理学类书籍，涉及不同的领域，这些书从不同的角度帮助我成长与进阶。

好的名人传记可以让我们经历许多虚拟人生，看到人生有丰富的可能性，也帮助我们在心智方面更加成熟。从他人的人生之路和人生感悟中，我们常常可以看到很多不同的人生选择，找到很多人生问题的参考答案，在某一刻，我甚至感觉正在与主人公对话，隔空产生共鸣。

在我决定从索尼离职转身去京东的时候，正好李娜刚刚出版了她的自传《独自上场》。作为一名中国的女子网球运动员，李娜 2011 年在法国网球公开赛女子单打比赛中封后，成为亚洲女性首位大满贯得主；后来李娜成为首个入选名人堂的亚洲球员。李娜历经了无数次独自上场的战斗，无论多艰难，必须独自面对所有的问题，独自化解所有的困难，独自做出各种关键的决策，更主要的是需要随时挑战和突破自己。不管输球还是赢球，都找不到任何可以埋怨他人的理由，不管结局好坏，都要自己一个人承担，并且很多时候也完全不被周围人理解。在经历了无数艰辛的奋斗、失败的痛苦、成功的喜悦之后，在书的最后一章，李娜说，我不知道我要走到哪里，也不知道能走多远，但是我想，心有多远，脚下的路就有多远。或许巴黎，或许墨尔本，或许马德里，下一站不管在哪里，我知道，它有一个不变的名字叫"人生"。

我会读很多女性的传记或描述女性人生故事的小说，不同国家的女性纷纷展现了不同成长背景下截然不同的女性世界，让我们有机会了解世界上很多不同地方的女性的生活状态和人生态度。这一本本书就像生活在我的面前展开了一幅巨大的画卷，许多有着不同肤色、讲着不同语言的女性在这幅画卷上各自展现着她们五彩斑斓的生活。

中东的小说有一种来自异域的神秘色彩，了解这片土地上人们的生存状态，对我们的生活经验是一种补充。《灿烂千阳》《伊斯坦布尔的幸福》这类小说中所描绘的中东女性的故事，让人觉得压抑和悲惨。曾经撰写了著名的小说《追风筝的人》的作者胡赛尼说："重返喀布尔，我看到穿着传统蒙面服装的女性三三两两走在街头，后面尾随着她们的衣着破烂的孩子，乞求着路人施舍零钱，那一刻，我很想知道，生命已将她们带往何处？她们会有怎样的梦想、希望与渴望？在蔓延阿富汗三十年的战争岁月中，她们究竟失去了什么？在写作《灿烂千阳》之际，她们的声音、面容与坚毅的生存故事一直萦绕着我。"这段极具画面感的描述，让我仿佛看到那些在战争绵延和极为传统、保守的男权社会中的女性们每天都在委曲求全地生存，不敢有什么梦想，因为即便有也往往遥不可及，也几乎不存在自我实现的概念。生活在那里的女性有许多神秘的故事，很多女性的命运也很是让人唏嘘，更让我们觉得要抓住拥有更多自由的机会尽情挥洒我们的人生。

而亚洲女性则更多体现了她们特有的隐忍、耐力和坚持，好像小草在一片荒芜的大地中坚毅地钻出地面，并勇敢地迎接风雨的洗礼，坚韧不仅让她们倔强地存活下来，还让她们中的优秀者找到任自己蓬勃生长的那片天空。很早的时候读了《行棋无悔》这本书，描绘了早期董明珠带领下的格力在关键几年中决胜市场的细节和经验，可以感受到董明珠历经磨难的不易、泼辣的作风和对事业的执着追求。董明珠在36岁时重新选择和定位自己的人生，她是一个不折不扣的商界铁娘子，在企业管理过程中"不食人间烟火"，人们说她"走过的地方都不长草"。她曾说："每个人每天都应该给自己多一点压力，化压力为动力，不断地提升自己。"就是这样，她从一名销售员做到格力的董事长兼总裁，并一直做着艰苦卓绝的努力。她的坚持、专注、多干实事少说空话的风格给我留下了极为深刻的印象。

西方的女性则是另外的样子，美国脱口秀女王奥普拉的《我坚信》凸显出在美国社会背景下成长的孩子被赋予的自信和自我实现的强烈愿望。她说："你活着，只要你对这个世界敞开心扉，你就能学到新东西。""记得就在今天，你决定了让每一刻都活得精彩，好好享受每一个小时，就像再也不会有第二个小时那样。当你有机会选择是坐在一边还是跳舞时，我希望你选择跳舞。""我很严肃地看待欢愉，我工作努力，玩得开心，即使拥有的不多也不能阻止我开心。"奥普拉是当今世界上最有影响力的女人之一。经历了60年的坎坷与辉煌后，她既直面过去，也坚信未来，是一个果敢、自信且真正内心有力量的女人。

DVF（美国时装品牌）创始人的自传《黛安·冯芙丝汀宝：我想成为的女人》所描绘的人生就带有一种跨国界的世界公民的味道了。黛安的家庭来自比利时布鲁塞尔，她的母亲曾经在纳粹集中营做了13个月的俘虏，瘦得皮包骨头，被饥饿和疲劳折磨得几乎丧命，她母亲是25631个被流放的比利时的犹太人中，在集中营存活下来的1244人之一，最终靠难以想象的生存意志和精神熬了过来并活着回到了家。黛安的诞生就是她母亲生命的凯旋，母亲曾教导她："别滞留在事物的阴暗面，要去寻找光明，并围绕光明构筑一切。如果一扇门关了，就去找另一扇门打开。""无论事情有多糟糕，永远不要因为发生在自己身上的事去责怪他人。要相信，对你人生负责的，是你，而且只有你自己。"在黛安还是孩子的时候，母亲就刻意培养她的独立性，她能够开始独自坐上开往巴黎的火车去看姨妈，让她感到很自豪，在内心深处，她是有些紧张的，但是自豪感战胜了害怕。后来黛安辗转到了美国，然后从零开始，靠自己的智慧和打拼崛起于国际时尚界，成功创建了 DVF 品牌，她设计的裹身裙在 1974 年就已经卖掉了一百多万条，被《新闻周刊》誉为"继可可·香奈儿后时尚界最具市场号召力的女性"。在 20 世纪 90 年代，经历了数次挫败之后的她东山再起，重新组建了自己的时尚帝国。

黛安的母亲曾是纳粹集中营的幸存者，曾在没有食物、没有水、没有空气、没有厕所的情况下整整 4 天挤在一辆牛车里；在闻到难以忍受的火葬场明显的烟味，当她的俘房同伴说"我们就要死了"的时候，她的母亲也会坚持："不，我们不会死。我们会活下去。"黛安继承了母亲身上不屈的性格。这让她在经历离婚、破产和身患舌癌后仍旧乐观，最终成为她想成为的女人。黛安说："我希望每一个女人明白，她可以成为自己想成为的女人。生活并非一帆风顺，光景变迁，人来人往，有艰难险阻扰乱原本的线路，但你要确信一件事，那就是，你永远不会迷失自我。"

她是一位勇敢诚实的了不起的女性，在实现了自己的目标后，又开始鼓励其他人追寻梦想。她是灵魂也自由的女人。

而摩西奶奶的《人生随时可以重来》说的则是一位从 58 岁开始拿起画笔、80 岁创作出闻名全世界的画作的传奇女性。她原本只是一位来自农场的小老太太，年轻时一边做女佣一边刺绣，后来慢慢开始画画。80岁过后，才开始辉煌的艺术家之旅。她从旧的生活里破茧而出，在耄耋之年，描绘着自己心中的向往之地。她在101岁时去世，被当时的肯尼迪总统誉为"深受美国人民爱戴的艺术家"，摩西奶奶用一个世纪的人生告诉我们，梦想没有年龄的限制，随时开始，一切都来得及。摩西奶奶在100岁时给她的孩子们写了一封信，信中说道："有年轻人写信给我，说自己迷惑茫然，对要不要放弃当下稳定的生活去做自己喜欢的事而犹豫不决。人之一生，最大的幸运便是能找到自己喜欢的事情。做让自己真正感兴趣的事情，生活才会跟着变得有趣。当你不去计较得失而全心全意地做一件事情的时候，投入时的喜悦与成就感，便是你最大的收获与褒奖。我不知道更加美好的生活是怎样的，我能够做到的只是尽力去接受生活所赋予我的，让每一个当下都能够是完美无缺的。最关键的是你能够找到适合自己的那条路，能够为之献出自己终生的时间与精力而甘之如饴。"

当你从书中经历了她们的人生、获得了她们关于人生的感悟后，合上书本，你会感觉到自己的心胸比以前更加开阔，看世界的那双眼睛里多了包容，对生活中可能随时出现的各种磨难也减少了惧怕。阅读可以帮助你增添自信和勇气，在人生路上更加从容坦然地做出选择，也会让你由衷地赞美他人随心而动的选择。就像摩西奶奶在她给孩子们的那封信的结尾写的那样："人生不易，当年华老去，身体渐渐变得力不从心，我的孩子们，希望你们在回望自己的一生时，会因为自己曾经真切地活过而感到无悔，从容淡定地度过余生，直至死亡来临。"

商业社会是我们职场人赖以生存的世界，它与诗歌、散文、小说的世界完全不同，就好像高楼耸立的曼哈顿中心之于一望无际的乡村花海。在曼哈顿中心这样的水泥森林中生存和打怪升级，我们需要掌握生存的规则、打怪的策略，并拥有顶级的装备。而田野中花的海洋让我们体会到的是自然和生命之美。

企业发展的传记可以帮助我们了解成功的大企业都是如何完成商业上的创新突破、新市场的开拓、公司价值观和文化的建立渗透以及如何解决工作中各种各样的管理课题的。索尼的《索尼源流》、IBM（国际商业机器公司）的《谁说大象不能跳舞》、谷歌的《重新定义公司》、微软的《刷新》，将一家家从无到有、从小到大的世界级公司应对无数挑战的故事呈现在我们的面前，让我们在与自己所在的企业一同发展时能够找到许多相似的场景，有时工作中百思不得其解的难题就在阅读的过程中被灵光乍现的一个想法所破解。

关于创业者的书，我印象比较深刻的包括《九败一胜》所描绘的王兴的创业经历和写 Uber（优步）创始人卡兰尼克创办 Uber 的《未来公司》（*Wild Ride*）。

王兴经历了 9 次的创业和失败，包括曾经的校内网、饭否，直到做美团才真正获得成功，从 5000 余家团购网站中杀出一条血路，把美团做成了真正的巨无霸，美团也成为最受关注的几大成功创业公司之一。在这本书里，你能够看到王兴和他的团队曾经做对了哪些事，又做错了哪些事，那些曾经用真金白银买下的教训告诉创业者们商业背后的思考与逻辑。王兴坚信，一个事情只要长期有价值，尽管它很有难度，过去做不成，不代表将来做不成。美团网就是在很好的时机进入市场，开创了国内的团购行业的。面对千团大战的惨烈市场竞争，王兴在 2014 年内部年会上说："大家都在往这个行业进军的时候，我们需要做得更好，如果我们不能做得更好，我们就处在一个非常危险的状态。甚至可以毫不夸张地说，美团网这家公司离破产永远只有 6 个月的时间。这个行业、这个时代、这个世界变化特别快，凡是没有危机意识的公司，不战战兢兢的公司，不管它现在看起来多么强大，都是非常危险的，而且它比那些虽然小，但是始终保持非常警惕状态的公司和人更危险。"确实，曾经兴盛了几十年的一些大品牌，在新的互联网时代来临的时候，眼看着被无情地颠覆，轰然倒下，不复存在。一些原本不起眼的小公司，在短短几年的时间里却能够异军突起，迅速成长为独角兽。职场生涯何尝不是如此？如果一直待在舒适圈中不肯出来，也许有一天突然整个舒适圈都不复存在了。这个世界唯一不变的就是变化，只有持续学习，才能跟上时代的脚步。

《未来公司》这本书是《财富》杂志执行总编亚当·拉辛斯基（Adam Lashinski）创作的，这本书出版后不久，亚当在参加我和团队一起准备的京东在达沃斯的活动中赠送给了我们一些。亚当是当今美国最具洞察力和最有活力的记者之一。他对于充满远见和灵性而又冷酷无情的 Uber 创始人特拉维斯·卡兰尼克的创业经历进行了非常近距离的生动记录，详细披露了 Uber 如何从一个想法开始，迅速发展成为全球市值最大的独角兽企业。创始人卡兰尼克是全球共享经济的领头人，他的创意把出行行业搅了个底朝天。在他的勇猛出击下，Uber 很快就席卷全美并在全球多个国家快速开展业务，颠覆了世界各地消费者的出行方式，同时也引起了大量争议。《未来公司》是第一部揭示 Uber 商业帝国的内部运营细节和深入探究卡兰尼克雄心的作品。你能从中了解到 Uber 是如何从一个想法开始，让商业模式逐步成型、发展、迭代、壮大，其过程中遇到了哪些阻碍以及创始团队如何去解决各种问题、在错误和争议中不断成长的。更值得关注的是，Uber 吸引了特定的一群人，这群人重视个人磨砺，看重的是创业生活的艰辛严酷，而非平衡的工作生活关系带来的满足感。

当你走上管理岗位时，你会希望不断汲取更多实用的管理知识，因为在团队管理的过程中会遇到大量需要解决和改进的问题，这时阅读管理书籍会非常有帮助。通用电气前 CEO 杰克·韦尔奇的《商业的本质》《赢》，拉姆·查兰的一系列管理实践专著，如《CEO 说：人人都应该像企业家一样思考》《客户说：如何真正为客户创造价值》等，《哈佛商业评论》（尤其是英文原版）等都能够从理论与实践等不同维度拓宽我们解决问题的思路。从这些经管类图书中，我们可以找到东西方管理理论和经营哲学的差异、企业管理的思维、时间管理的有效方法、大数据如何为管理带来洞察力、人工智能怎样改写商业规则、中国现今的商业阶段与发达国家所经历过的重要商业阶段的比较、大变局时代企业人力资源长期战略的新逻辑等很多管理实用锦囊，我们日常工作中会不断遇到各种管理课题，通过参考业界的经验，与自己的管理实践相结合，我们就能逐步找到切实可行的解决方案，形成最适合自己的管理理念和风格。

从优秀的人那里获取精神给养

由于工作关系，我有机会接触非常多的媒体人，从他们的身上，我总能学习到很多。

我对原《新京报》的摄影部主编陈杰印象非常深刻，他是一个非常不同寻常的摄影记者，比如说，但凡有大灾发生，与常人马上逃离灾区相反，陈杰会立即像一名战士一样奔赴大灾现场，第一时间带回最真实详尽的报道，像汶川地震、日本地震海啸、北京"7·21"大雨、天津大爆炸，还有很多震惊我们人类社会的大灾难，都能看到陈杰冲在报道一线及时带来的震撼人心的一手现场照片和报道。在索尼（中国）有限公司启动2007年度"爱心助学工程"的时候，我们的首个助学项目是向位于大别山深处的安徽省金寨县汤家汇镇泗河中心小学数百名留守儿童赠送桌椅、文具、书籍及体育娱乐等用品。我们很荣幸地邀请到了陈杰老师与我们同行。

记得 2007 年的 11 月 23 日，安徽大别山里的天气已经比较寒冷，我戴着鲜艳的红领巾，代表索尼公司向数百名孩子们捐赠助学物资，那一刻我被孩子们的快乐包围了，有生以来从来没有感觉如此幸福。而就在前一天，我们和几名记者一起走访了学校的校长、支教的英语老师和大别山革命老区留守儿童的家庭，在这些孩子们的家里，让我们深深被触动的不仅仅是他们除了灶台和炕就几乎什么都没有的空荡荡的家，还有这些孩子们只能和年迈的奶奶过生活，因为他们的爸妈都在城里打工，一年只能回来一次，这些革命老区的孩子就是在这样物质和精神都极为匮乏的环境下度过他们的童年时光的。

留守儿童成为当时整个社会非常普遍且非常严重的问题，正因如此，陈杰老师在百忙之中和我们一起来到大别山，深入了解他们的生存状况，他想要借助他手中的相机帮助到中国数千万名农村留守儿童。如果是那些锦上添花的事情，他反而不感兴趣。令人心酸的是，孩子们的生活条件实在是太差了，带到学校的饭里只有一点咸菜，住的宿舍很窄小也没有取暖设施，孩子们的脸和小手都冻得通红，只有水汪汪的大眼睛异常灵动，让人心生怜爱之情；然而出乎我们意料的是，孩子们并不像我们想象的那样一个个露出悲惨可怜的模样，相反，他们是如此天真烂漫、爱玩爱闹、坚强乐观，抱起我们带来足球，马上就跑到小操场上踢了起来；只是聊天的时候，不能提起爸妈，一提爸妈就想念得哭起来。

我有幸和陈杰老师以及其他同行的记者朋友们一起体验所有这一

切，一路上我们边走访，边交流，越深入到他们的生活就越感慨，我们都感到和我们来之前的想法正好相反，并不仅是孩子们从我们这里获得了什么，更是我们从孩子们身上汲取了太多的正能量。

这次的大别山之行之后，我就一直关注陈杰老师的报道。陈杰老师最让我敬佩的一点就是"尊重内心"，永远保持初心不变，他真的做到了。2014年4月，他决定辞去主编的工作，专注做一名记者，很多人不解，他却说："做主编的时候，自己会不自觉地被附加光环。人会做加法，加法让人沉重起来。做媒体脱离社会就没有资格去做新闻，没有资格去对社会指手画脚。各种综合考量之后，我就选择离开这个主编的岗位。很多人怀疑我，但我知道自己想要什么。转型时就很纠结，会对功名利禄有些不舍,这也是最基本的人性。但一旦下决心，做减法，就会感觉很好，因为真的放下了。"

在回归记者职业之后9个月的时间里，他行走了七八万公里，跨越了十几个省市。"行走，实际上有两种概念,脚步上的走和心里面的。获得内心的自由。"他奔赴腾格里沙漠，并发出系列报道《沙漠之殇》，得到国家主席习近平的批示后，腾格里沙漠污染问题得到解决。他却谦虚地说："我觉得很多荣耀加冕给我，有点尴尬和猝不及防。从结果来看，一个问题得到了解决是一件好事。但我觉得应该用平常心看待，要做更多这样的报道，把问题呈现出来。如果你在抱怨这个行业的颓势，首先你要扪心自问你是否是真正的行动者。不能只想靠在大树下安享，而要努力长成一棵同样独挡风雨的大树。"

陈杰老师正是这样的行动者，带着最美的初心、庄严的使命感和社会责任感，战斗在新闻报道的最前线。在我看来，像陈杰老师这样的人，就如同新闻行业里的灯塔，坚毅地照亮着通往理想的路。我深知自己无法做到像陈杰老师那样纯粹，也没敢再去打扰陈杰老师，只是远远地观望和默默地祝福。一个有力量的人会自带光环，不在于他的职务高低和世俗对他的评判，他的光已经辐射到了很远的地方，恐怕连他也没有想到。

李志刚曾经是《南方都市报》和《彭博商业周刊》的一名记者。我与李志刚相识于2013年，深入合作是在2014年到2015年这段时间，那时候京东进入电子商务领域整10年，并且刚刚在美国纳斯达克成功上市，取得了令人瞩目的成就。在互联网圈里，李志刚不是那种写快文章的人，他的文章风格有点像报告文学，纪实性强，采访工作做得非常扎实。有一次聊天中，他向我提出希望写一本关于京东的书，我觉得他特别憨厚朴实，不怕吃苦，肯下功夫，很像京东人的风格，而且我也读过他写的《九败一胜》，一口气就读完了，很喜欢也非常受启发，因此对他的写作风格有所了解。经过几次深入的商讨之后，我们决定正式开始这本书的创作。为了写这本书，李志刚在几个月的时间前前后后采访了258个人，每一个采访对象他都认真对待，他甚至几次凌晨4点多起来跟车体验京东电商业务背后最辛苦的履约环节，而且特地到相对偏远的地区了解京东物流下沉到四线城市的实际运营情况，他跟货车司机聊，跟配送员聊，经历从出库、传站、分拣到配送等全过程，对于电商这门表面光鲜、背后辛苦的生意有了彻底的了解。经过几个月马不停蹄的辛苦采访，李志刚总共积攒了400万字的文字素材，基于这些素材，他撰写并出版了总字数20多万字的《创京东》，我想，当今已经很少有作者会为了一本20万字的书做如此超量的准备，当时市面上已经有了一些写京东和刘强东先生的书，那些都只是抓热点话题，然后从网上四处搜罗素材而写成的，并没有做过真实的采访，也没经过京东的授权，只有这部书在当时是真正付出了大量心血、一字一句地原创出来的。《创京东》一上市即引起了轰动，获得无数好评，出版当年就成为经管类畅销书，并获得了业内业外一致好评，有很多媒体总编看完后都给我发微信赞扬这部书"匠心之作，不负众望"。在创投界，这部书更是成为创业者和投资人的必读书目，如今这本书销量已超过50万本。李志刚就是这样，凭借脚踏实地的行动和内心涌动的激情，创作出了连续多年热度不减的畅销书。

在成功出版《创京东》之后，有不少企业找李志刚写企业传记，但是李志刚受到创业者们的影响，最终决定自己创业。他创办了"新经济100人"机构，他不断突破自己，从原本的一名文字记者，到做《刚正面》视频访谈，成为出镜记者，到建立"新经济100人"的独特商业模式，用他独到的眼光，挖掘着新经济这座富矿里的金子。后来在"新经济100人"举办的CEO论坛上，我看到志刚作为基调演讲者激情分享互联网创业的趋势，不仅在面对数百名观众的舞台上自信地侃侃而谈，而且竟然在外形上也彻底改变了自己，从内到外都升华成了一个激情勃发、昂扬向上的创业企业 CEO。李志刚对创业企业精准的判断在业界有口皆碑，我对他的眼光和判断力也是非常佩服，我知道这些都需要基于深厚的底蕴和大量的积累，他完全突破自己的勇气和改变自我的行动更是让人惊艳。每个人都有自己的里程碑，通过与李志刚的交流与合作，我看到了在当今浮夸的世界中一种坚持不懈做好基本功的匠人作风，而这正是成就任何长久事业的坚实基础。

吴晓波老师是中国最著名的财经作家，原来也是媒体人，曾做过13 年的记者。他的《大败局》《激荡三十年》是无数人当作商业教科书来拜读的。他大名鼎鼎，但丝毫没有架子，反而特别好学和谦逊，很容易接近。我第一次见吴晓波老师大约是在五六年前，当时在杭州我们约了一起吃早餐。以前在索尼的时候，我就曾经拜读过吴晓波老师写的《索尼是亚洲最勇敢的企业》的评论文章，对于他别具一格又极为精准的定位以及对索尼的深入研究非常钦佩，也一直心怀感恩。后来我拜会了吴晓波老师后，吴老师和京东之间的联系逐渐多了起来，双方有过不少互动。记得有一年的 "6·18"，我邀请吴晓波老师和刘强东先生一起做客中央电视台财经频道的直播，由陈伟鸿主持的两位大咖的精彩对话给观众们带来了一场商业思想碰撞的盛宴。后来吴老师亲自策划制作企业家记录式系列访谈节目，这期间也采访了刘强东先生，节目获得了大量的关注和好评。吴老师还到京东大讲堂讲过课，他总能带来前瞻性的思考，让人受益匪浅。

吴晓波老师早已取得了辉煌的成就，但是他并没有止步于做一名财经作者，2014 年 5 月，他开办了"吴晓波频道"微信公众号，这个自媒体账号从仅仅 4 个人开始，在 5 年的时间里迅速发展到了 80 多人的规模，全网有 1000 多万的粉丝，作为一个财经资讯公众号，着实非常了不起。吴晓波在 2014 年时还仍然在传统媒体写专栏，但发现自己专栏底下的留言越来越少了。吴晓波敏感地意识到，自己所依赖的传播平台正在崩塌，作者与读者之间的关系已经被完全改变。他决定自创全新的自媒体传播平台吴晓波频道，带着 3 个 85 后就干了起来。后来，这个小小的创业团队不断创新，不但把这个财经公众号做得有声有色，关注度节节攀升，还搞出了书友会、财经脱口秀节目、主题演讲活动、企业家记录式访谈节目系列、转型之战千人大课，推出《新中产白皮书》系列，尝试知识付费、创办企投会、发起新匠人加速计划以及在每年的年底做年终秀，回顾当年大事、预测下一年的趋势，具有仪式感地告别旧岁，开始新的征程。

吴晓波老师就是那个比你优秀还比你更努力的人，他一直对于商业世界的更迭与演进保持着强烈的好奇心，并始终近距离观察；他对商业有着极高的敏感度，能把枯燥的财经事件写成好看的故事，也能把普普通通的生活故事用财经的知识体系梳理出商业逻辑，还亲自实践创业并取得了成功。吴晓波老师创造了独一无二的吴氏风格，几十年来一直保持超高人气的他也始终保持谦逊的为人处事态度。从他的身上我看到了许多值得我们学习和借鉴的闪光点——保有一颗永远敬畏时代变化的心，让自己敏捷思辨的大脑富有持久的生命力，对自身潜力坚持不懈地挖掘并通过付诸实践来验证商业判断，且一切乐在其中。

在20多年的公关职业生涯中，我最幸运的就是与很多媒体朋友相识、相知，他们触动心弦的精彩故事不胜枚举，那些闪亮的点点滴滴，就像无数颗珍珠，而我在这里也只能是撷取其中的几颗与读者共享。优秀的媒体人思想敏锐、勤奋好学、谦和儒雅、才华横溢，他们站在思想的高地上，能够看得更高、更远，思考得更透彻，这样的生活是真正有灵魂的。与优秀的媒体人交流，让我开阔了眼界，获得了精神上的给养。

我也有幸结识了不少优秀的女性企业家和创始人。

楚艳是一名服装设计师，她成功地创建了东方风格服装品牌"楚和听香"并担任2014年APEC（亚洲太平洋经济合作组织）会议领导人服装主创设计师，还参与了许多重大的国家级文化服饰项目，包括2018年平昌冬奥会闭幕式上平昌八分钟的设计等。我和楚艳第一次见面是在几年前的一次"中国十大品牌女性"的颁奖会场。那天晚上，我们一起上台领了奖。后来，我们又见过几次面。楚艳人很安静、内秀，从不张扬，在人群中并不会被马上认出，她原本是一个非常普通的女孩，只是她从12岁开始至今，一直坚持为实现自己的梦想而努力和奋斗，始终不忘初心，这一点令她成为一名非常了不起的女性。

楚艳来自古都西安，从12岁时起她的理想就是长大当一名服装设计师，这一想法从未改变。后来楚艳考上了北京服装学院，之后留校并创建了自己的工作室和品牌。她从事中国传统服饰传承与创新的研究和探索，这在当今并不是一个特别流行的领域，但是她一路走来，从来没有一刻放弃过或者犹豫过。她是当今唯一一名能够将盛唐、晚唐等古代中国服饰进行完整艺术再现的中国服装设计师，并曾多次获得国际国内设计类大奖，《国家宝藏》节目最后的唐服秀也是由楚艳领衔设计呈现。她希望通过自己的努力来传承中国传统服饰文化，她坚信，只有找回属于我们自己的文化自信，找回属于我们自己的审美精神，我们才能够在未来有足够的创造力，开创一个衣冠上国的新时代。她在用毕生的精力充满热情地做着这样一件事情，通过华美的服饰来传承中国传统文化的精髓，并通过各种方式扩大这一事业的影响力。她的纯粹与执着，以及她对于内心梦想始终不渝的承诺，都让我非常钦佩。

我和洛艺嘉（原名解燕喃）认识了有20年，对于我的这个闺密级的朋友，我最佩服的是她独闯天涯的勇气。她这辈子有两个愿望，一是周游世界，一是当作家。如今，她每天都在用自己的行动实践着她的梦想。她12年游历了126个国家，在此期间经历了两次战争，两次车祸，两次被持枪抢劫，一次飞机迫降，一次政变……她成为国内以自助游方式走遍非洲50多个国家的第一人，也是中国大陆真正意义上周游世界的第一人，她被誉为"中国当代徐霞客"，沙漠、落日、草原……她一点点地去领略这个世界带来的震撼，也融入许多当地人民的生活中，如今她也已经出版了十余本书，关于旅行的见闻，对世界的发现，生命中的感悟……并且因为数次经历险境，她更加热爱生命，更加珍惜美好的生活。

像楚艳和洛艺嘉这样的女性，也许很多人不知道，但正因为她们就在我的身边，才让我更加触动。我的身边已经有越来越多的像她们这样原本普通平凡的女孩，因为义无反顾地追随自己心灵向往的方向，不遗余力地投入热情与勇气，活出了自我，激发了潜能，成就了最独特、最美好的人生。

榜样的力量和成为榜样

从初入职场一直到在事业上小有成就，几乎每个人在不同的阶段，内心可能都有一个 role model，即为自己寻找的楷模或榜样，来鼓励自己在关键阶段的成长和进阶，这些榜样往往可以从精神上为自己加持，帮助自己战胜心理上的软弱，以更好的状态去克服种种困难。他们可能是职场中身边的人，可能是同行业里取得不凡成就的人，也可能是父辈或社会上被广泛认可的名人。

选择一个榜样可以帮助我们更好地成长，而最理想的是这个榜样就像导师一样可以为我们提供指导和建议，也是我们在生活中随时可以学习的人。有了榜样的激励，我们会朝着自己希望成为的人努力。如何选择一个好的榜样？我们可以通过分析自己想在哪些地方有所改变开始，通过这些分析我们对于自己想成为什么样的人就会有更理性的认识，而不仅是一时冲动的想法。我们甚至可以列出一个清单，把自己特别希望变成的样子或者希望过上的生活所需要的关键要素列在上面，反复问自己，以确定这些是自己想要的。同时我们还需要对自己充满信心，并评估自己的能力可以通过循序渐进的努力达到设定的阶段性目标。这个过程可以帮助我们去识别谁是拥有我们所希望拥有的品质的人，找到了榜样就有了好的开始，有句话叫"榜样的力量是无穷的"，说的就是榜样在我们的人生中所起到的重要作用，榜样是向上的力量，是旗帜，也是一面镜子，"以人为镜，可以明得失"，我们有了榜样这个明镜高悬在心，就会不断朝着自己认定的方向努力进取。

其实，每个人的生命是一个旅程，穿越时间、空间的同时，也在不断穿越自我。在生命的旅程中，每个人都会有自己的里程碑。完成了一个目标，再向下一个目标进发，一个个的里程碑就这样在被我们不断跨越。如果你通过不懈的努力在某一天达到了原来曾经可望而不可即的目标，如果你经历了刻骨铭心的自我成长和蜕变，你就会发现，逐渐地周围的榜样已经不再像以前那样发挥非常重要的作用，你会变得越来越自信，也越来越多地依靠自己的内驱力不断前行，这时的你就成为别人的榜样。罗曼·罗兰曾经说过："要撒播阳光到别人心中，总得自己心中有阳光。"当你强大到一定程度，很少有人能够做你的榜样的时候，你需要自我激励。自我激励包括自己主动走出舒适区，寻求新的挑战，并激励自己去实现更高的目标。这种由内而外的自我驱动力是一种极为强大的力量，它能够自我唤醒、自我驱动、自我矫正，完全靠自己而不是外界的奖励或评判去驱动一件事情的发生，通过自身不懈的努力去实现自己设定的更高目标，自我激励是一个人迈向成功的引擎。

从攫取榜样的力量，到成为他人的榜样，是一个"痛并快乐着"的自我成长、自我蜕变的过程，每个人的成长和蜕变之路千差万别，但内心也许都会经历一些穷山恶水，心灵的成长之路也会是百转千回，需要做好迎接挑战甚至迎接未知的恐惧的准备，最终当你找到自己对人生的承诺，你会觉得自己的内心无比踏实，然后你可以沿着认准的方向一直行进下去。心有多远，路就有多远。让我们努力成为自己和他人的榜样吧。

永远看到和学习他人的长处

可能因为我从小就多年不在父母身边，从两三岁到小学三年级以前，被寄养在很多不同的亲戚家，幼儿园也是在全托，每周只能回家一天，所以我学会了在任何不同的环境下生存的本事。即便是成家后，我也是过着非常独立的生活。我有一个观点让自己受益终身，就是永远看到和学习他人的长处，而不去计较他人的短处。这一思维方式的好处是让我把自己有限的精力放到值得花精力去做的事情上，不断充实和提升自己，而不在没有意义的事情上纠结或付出额外的精力，同时也能够与周围几乎任何人很好地相处。

很多人经常抱怨别人，我一直觉得抱怨是最无用的东西，它不会带来任何价值，与其花时间去抱怨，不如用行动去改变不理想的现实。每个人都有缺点，我们自己也一样；如果我们更多地想一想别人有没有比我们自己做得好的地方，就会把注意力放到这里，哪怕这个人身上有很多缺点，只有一点比我们做得好，那么我们就学习这一点，而不必太在意他人的缺点。因为那些缺点跟自己并没有什么直接的关系。久而久之，总是抱怨别人不好的人，往往自己也没有做出什么大事。很少抱怨的人，反而会用踏踏实实的行动改变着不那么理想的现实。

工作中我们很多人都会遇到严厉的老板，这样的老板通常不近人情，往往你做了特别多的努力，老板还是不满。这是因为，第一，老板要的是结果，与你做了多少努力其实并没有特别直接的关系。没得到他要的结果，意味着你没有达成目标。第二，这样的老板一定对自己的要求特别严格，他希望团队成员也能和他同样高标准要求自己，甚至完全步调一致。这时候你需要调整好自己的心态，一是看老板身上都有哪些你可以学习的地方，二是需要好好分析一下自己的问题到底在哪里，如果自己找不出问题，就试着站在老板的立场或第三方的立场上以更加理性客观、更加挑剔的眼光来帮助自己找出不足，然后制订提升自己的策略和能够达到目标的行动计划，而不是一上来就先抱怨自己的命不好，没有遇到一个好老板。其实严厉的老板和你之间往往并没有个人恩怨，双方之间产生的差异是对工作标准认知的差异，因此，缩小这个差异的过程也应该是非常理性的，通过非常理性的分析拿出切实可行的改进方案，才是你真正花精力要去做的。时间长了，你会感受到严厉的老板带来的好处,严厉的老板是让你最能够认知到自己不足的人,是让你在职场上进步最大、能力提升最快的人,是你最应该感谢的人。

不仅在职场要不断把自己的心态调整好,让自己总是处于积极向上、不断进步的良好状态,也要重视用最好的心态与家庭成员做好沟通。我曾经有一个同事,结婚后和丈夫的日子过得挺好,但是自从婆婆来北京和他们住在一起后,她的情绪越来越不稳定,工作有时也会走神。我问她到底是什么原因,她说工作了一天非常疲劳,到家后不想装,就想完全做自己,然而在生活习惯上她和婆婆非常不一样,比如婆婆对她不做饭就有点看不惯,让她觉得思想上很有压力,这样的家庭矛盾越来越严重,她下班之后尽管已经累了一天,但是想一想家里的压力环境就不想回去,觉得回家后也没有让自己舒适放松的空间,宁愿在北京的街头溜达个把小时,等心绪平稳放松后才拖着疲惫的脚步回家。这种状态是不可能让她把心思全部放在个人的职业生涯进阶上的。我估计这个婆婆的观念比较传统,可能也是多年的媳妇熬成婆,总想能从下一代那里找回点自己年轻时代付出的回报。我劝她要理解婆婆那一代人的思想观念,多想一想婆婆的优点和做得比自己好的地方,思想上先不要抗拒对方,同时多注意观察和关心婆婆的心理需求和生活需求,再用心做一些加深与婆婆之间的相互理解和让婆婆高兴、喜欢的事情,过程中也请丈夫适时地帮忙,大家一起慢慢改善家庭成员之间的关系。

一个职场中人工作五六年之后正到了事业上升非常关键的时候，同时，随着组建家庭、生小孩等事情接踵而来，家庭成员的组成会变得越来越复杂，与各个家庭成员之间的关系其实也是需要管理的，而不是完全放任不管，或者要求一切只能顺着自己的心意，这样对别人也是不公平的。如果家庭成员之间的关系处理不好，不仅家庭生活不顺利，也会严重影响自己的职业发展，甚至带来无穷无尽的烦恼。多看他人的优点和长处，不去计较他人的缺点，就能在很多时候帮助你说服自己变得更加平和与宽容，给予他人最大程度的尊重和理解，即便是最坏的日子也能过得好一些，而周围的人和你沟通起来也会觉得舒服顺畅，在这样的基调下，你才有可能让自己一直保持比较好的状态，不让家庭纠纷拖后腿。

个人在职场和生活中需要不断调整心态，多看别人的优点，才能让你更容易聚焦在自我的不断提升上，那么对于一个企业、一个团队来说，在市场上永远需要面对激烈的竞争。商场如战场，我们通常会基于对市场、消费者、自身资源和竞争优势以及竞争对手的优劣势的分析后，制定竞争策略、梳理资源、排兵布阵、制订方案、把控节奏，在市场上与对手奋力拼杀，力争打赢每一场仗。这些战役即便是都打赢了，我们也不应该忘记竞争对手也有很多优点。在心态上，我们应当重视每一个对手、玩家，对于貌似还不起眼的新生力量也绝不应该忽视。事实上每个对手的身上都有可取之处和做得比我们好的地方。承认别人在一些地方比我们做得更好并不可怕，最可怕的反而是我们只看到对方的劣势，并以为自己所拥有的竞争优势坚不可摧。把心态放平，理性客观地看到对手的优点，并把这些别人做得好的地方作为我们不断提升自己的鞭策和参考，会让我们处于时时警醒的状态。企业的生存与发展非常不易，颠覆的力量随时都会出现，如果不一直保持谦虚和学习的心态，没有持续地、始终踏踏实实地夯实自身的竞争优势，就很容易被一股股新生力量突袭和打开突破口，到那时再来补窟窿、谋转型，就会非常被动。

拥有创始人的团队是最值得加入的团队

苹果公司的创始人乔布斯可谓数十年以来最伟大的企业创始人，他改变了人们对科技的认知，改变了人们的生活，改变了整个世界。但是乔布斯性格孤傲偏执，这样的性格特点也是几乎所有伟大创始人的共同特点。乔布斯认为创新是无极限的，有限的是想象力。他是一个完美主义者，认为完美的质量没有捷径。当对自己要求更好，并关注所有的细节后，产品就会和别人不一样。

乔布斯有极强的创业精神，敢于承担风险，且具有快速行动的能力，并对自己所坚信的理念毫不动摇。乔布斯在年纪尚轻的时候，就意识到任何精准的商业眼光都要关注用户体验，而并非一味把成本降到最低。乔布斯凭借敏锐的触觉和过人的智慧，不断创新，引领了全球 IT 科技与电子产品的潮流，让曾经昂贵稀罕的东西成为现代人生活的一部分。

然而和他共事的人说，和乔布斯一起工作既不轻松又不愉快，因为他渴望卓越，要么你在游戏的顶峰，要么就走。然而他们也极其珍视这段经验，有人说，这段经验教会我要实话实说。原因是，第一，说实话是对你人格和智商的测试，你要有实力来说出真话，以及有足够的智商来判断哪个是真的。第二，人们渴望事实——只是积极地告诉人们我们的产品很棒不会对他们有任何提升。第三，事实只有一个，所以诚实更容易保持一致，如果不诚实，必须要时刻记得之前说过什么。

乔布斯不仅极为看重事物的本质，看重事实和诚实的品质，他还鼓励"海盗精神"，即鼓励叛逆、创新、敢于冒险、崇尚自由、追求与众不同。基于"海盗精神"这个概念，乔布斯成功提升了团队的创造力、战斗力，避免苹果成为他讨厌的那一类"海军式"千篇一律的平庸公司。他创造了苹果的价值观，概括为对用户进行换位思考、进取精神、对社会做出积极的贡献、创新和远见、个人表现、团队精神、杰出管理等。乔布斯是有着远大理想的领导者，曾与他共同工作过的人，看到了什么是真正的关注用户，什么是真正的完美主义。那些经历无疑是最宝贵的财富。

索尼是由井深大和盛田昭夫共同创立的，两位创始人在1955年就将原来的公司名称"东京通信工业株式会社"改为"索尼公司"，与公司当时所做的电子类产品、创始人的名字等都没有任何关系，在当时可谓异类，不被人理解。但是这两位创始人才是真正有远见卓识的人，他们希望用一个创造出来的、好发音、容易记、易传播的英文单词做公司和品牌名称，在世界任何地方都不会发生侵权和商标注册的问题，并且不限制公司今后发展的领域，这个英明的决策真是一举多得。索尼公司后来发展成为全亚洲最成功的跨国公司，且领域横跨电子、影视和游戏，并在每一个领域都获得了极高的成就，这与创始人多年前的远见卓识密不可分。而这仅仅是两位创始人在数十年掌舵公司过程中无数英明决策中的一个点。1997年末到1999年，两位创始人相继去世，在创始人去世后的四五年里，索尼公司发展得也非常好，因为仍在沿用创始人为公司留下的财产，包括精神、文化、战略、团队、技术储备等，但是从2003年起，索尼的业绩开始出现了滑坡，加上互联网时代下新商业模式蓬勃发展，给传统大企业带来了巨大的挑战和威胁，索尼随后历经了由三任CEO领导的十几年的艰难转型之路。公司创始人给后世留下的对于公司发展方向的远见卓识和那些最重要的核心竞争优势只够后任管理团队用四五年的，并且这个时间可能会越来越短，如果在这短短几年的时间里，新的管理团队没能及时地发掘出全新的竞争优势，后面的日子就难免会危机四伏。

我一直认为，创始人在，是企业最好的时光，创始人在的团队也会是最好的团队。一个公司的创始人最清楚他创办这个企业的初心、愿景和所遵循的经营理念，这是他一生的心血。创始人在的公司向心力特别强，团队最容易拧成一股绳，劲儿往一处使，力往一处发，大家都为了共同的目标而心无旁骛地向前进发，一起走过激情燃烧的难忘岁月。

京东创始人刘强东在公司里经常说："诚信不是口头说说而已，而是具体的行动。公司创业时在中关村卖光碟，整个中关村都在卖假货，京东公司却一张假碟都没有卖。后来我们成为中国最大的光磁产品代理商。虽然卖假货可以获得更高的利润，但是我们坚持卖正品行货，当时作为一个年销售额千万级的小公司，我们所有的商品都有海关报关单、都有增值税发票。所以诚信最考验的是在面临利益的时候，是否还继续坚持自己的选择。"诚信是落实在京东的公司行为和京东人的行动上的。凭借诚信经营，京东成为消费者最信赖的电商平台之一。

刘强东不仅有极其敏锐的商业嗅觉，更有极强的社会责任感。2013年初，有一次高管团队在外面团建，一起吃晚饭之前，刘强东对大家讲了几句话，他说："大家跟着我干，咱们一起把这个事情做成，意义是非常重大的。你们在座的每个人，如果离开这家公司再去找工作，肯定都能找到薪水更高的，但是如果我们这个事情做失败了，我们几万名配送员兄弟就真的失去了今天的稳定工作和生活。大家都是社会精英，作为精英就应该推动社会的进步，承担更多的社会责任。我们一起把这个事情做成，就能为大量的普通劳动者创造稳定的、待遇好的工作，这是一件非常有意义的事情。在这里我为几万名配送员兄弟谢谢大家！"说完他给大家深深地鞠了一躬。这样带有强烈使命感的管理团队，已经超越了一般的职场规则，每个人不仅仅是发挥出自己的专业能力，还为了一个共同的使命而奋斗，为了一个共同的目标而努力，因此在京东，每一个管理者的头脑中只有"使命必达"的概念，没有其他。

在2014年初，刘强东在内部年会上曾跟大家说："第一个十年京东人做了太多了不起的事情（京东2004年开始进入电子商务领域），但是按照我们的一贯风格，我们从来不沉浸在过去的喜悦中，京东的梦想远不止于此。我们对自己不满足，因为我们坚信我们还有更远大的目标、更宏伟的目标，我们还可以做得更好。在我们的骨子和血液里，京东人永无止境、永不知足。这是推动我们京东从一个名不见经传的小柜台发展成为中国零售业领军企业的原因。"当年京东作为中国第一家综合电商平台在美国纳斯达克成功上市，在后面的两年，京东的销售收入一举超越了中国其他零售企业，成为中国第一大零售公司。

美团创始人王兴至今共创业10次，前9次都失败了，最后终于把美团做成了最大最好的互联网生活服务平台。团购市场一被发现后，众多创业公司蜂拥而上，经历了极为混乱的恶性竞争，即所谓千团大战。市场硝烟四起，烽火连天，一片混战。2012年初春，王兴给团队讲了一个一百年前人类首次探险南极洲的故事，来和大家一起做好度过行业寒冬的思想准备。

大约一百年前的时候，南极洲作为一个从未被开拓的未知领域，所有伟大的探险家、梦想家都想一试身手，成为征服南极的第一人。这个世界上的竞争从来都是非常激烈的，当世界上有一个大机会的时候，没有可能只有你看到了，只可能很多人都看到了。后来有两个著名的探险队经过周密的准备后正式启程了，他们人数不同、装备不同，选择的交通工具及登陆的方法都各不相同，后来，挪威的阿蒙森团队以一个精干的 5 人小团队取得了最终胜利，代表人类首次踏上了南极点，并插上了挪威的国旗。阿蒙森团队对环境的困难情况做了非常充分的预设，准备了足够充分的供给，还到北极与因纽特人一起生活，体验许多实际情况。阿蒙森团队是一个严格按照计划去做事的团队，他们制订的计划可行又有足够的补给。另一个是斯科特团队，这个团队一共有 17 人，相对于阿蒙森团队的严密调研、准备和高度计划性，他们比较随心所欲。他们用了不同的方法，当然也经历了很多艰难困苦，最后也到达了南极点，但是比阿蒙森团队晚了一个月。

这就是成功和失败的区别，第一个到达南极点的团队会永载史册，获得一切的荣誉，而后到的虽然也经历了一样的艰难险阻，但是不是第一个到达就没有多少人会记住他们。更重要的是，探险队还要活着回去才算真的成功。阿蒙森团队在 21 个月后所有人都安全顺利地返回了原来的基地，一切都按他们原来的计划进行，因为他们做了充分的调研，精心的准备，储备了足够的物资，对困难有足够的预期，这是一次非常成功的探险。而斯科特团队差不多与阿蒙森队同时出发，但他们晚到了一个月，没有获得荣耀，更糟糕的是，因为他们晚了一个月，他们回去时的天气非常差，遇到非常多的困难，不断有人掉队，不断遇到更大的困难，最后他们竟然没有一人生还。队长斯科特和另外两个人第二年才被发现冻僵在离他们最后一个储备装备的地方大概

10 英里（16.09 千米）的地方，他们几乎要成功回来，但是最终却失败了。他们17个人，不但没有完成首先到达南极的目标，而且全军覆没。所以这里成功跟失败的区别不光是你是否获得荣誉，而已经是生与死的差别。

研究这个故事，分析两个队所做的调研、采取的策略和所做的所有准备以及其中的对和错，能够令一个创业团队在超级严酷的竞争环境下获得帮助和启发。比如拉雪橇是应该用狗还是马，或者是用人还是雪地摩托，为什么？比如储备和装备的准备，是准备一吨刚好够用还是准备三吨，打出充足的富余量以应对无法预测的困难？是否有足够的资源？比如是否对天气环境的影响做出了充分的分析？如果延长了到达的时间，回程需要多做出哪些预案？所有的环境分析、策略制定、路径选择和细节执行对于是否能赢得这一役都非常关键。有时大风大浪都过来了，却在小河沟里翻了船。

在同样的环境下，目标大致相同的两个团队，选择了不同的路径和方法，最后结果却大相径庭，不只是有没有荣誉，更会涉及生与死，这个故事的场景很好地映射了创业者在险象环生的竞争环境下所面临的情境。王兴正是以他经历过千锤百炼后的精准商业判断和以生死之战的严酷背景作为团队制定策略和付诸行动的心理底线，做最坏的打算，做最好的努力，最终在千团大战中活了下来，并脱颖而出，成功地达到了目标，把市场上几乎所有的其他玩家都远远地甩在了身后，美团成为最好的本地生活服务互联网公司。

白手起家建立一家成功的企业的创始人是极其伟大的，他们就像茫茫大海中的灯塔，能在迷雾中照亮前行的方向，并引领团队一起朝着那个遥远的未知领域探索和行进，最终抵达一个前人从未到达过的地方，实现一个伟大的理想。跟随伟大的创始人一定是最好的职场人生，因为它已经超越了通常意义下的职业经历，你能够有机会去追求更高的人生目标，经历那些最残酷的历练，并与团队共同为社会创造出全新的价值。这一切都将让你变得更加强大，甚至足以改变你的人生。

坚持善良正直，坚持做正确的事

最近，"科技向善"是一个热词。腾讯研究院在 2018 年初正式启动 Tech for Social Good（科技向善）的项目。这个项目是一个多方共建的研究、对话与行动平台，希望针对大众所面对的技术演进带来的重大问题，邀请多方人士对新技术带来的一切变化保持觉察，让社会各方真正认识到科技给社会带来的问题，寻求最大范围内的共识和解决方案。

我很欣慰地看到中国领先的科技公司开始主动站在整个人类和社会的视角，思考技术和商业的发展给社会带来的诸多影响，并通过研究、对话和行动着手引导技术和产品去放大人性之善，实现对人类社会长远生存有益的良性发展。

加入一家企业，非常重要的是要看这家企业是不是具有社会责任感，企业的价值观是否正确，这一点的重要性远远高于薪酬待遇和职位高低。

索尼在中国一直以来都特别重视用对教育的投入来为中国社会持续做出贡献，因为好的教育可以帮助这个国家的孩子从童年时代就受到更好的启蒙，获得更宽广的眼界和激发一颗对科学与未来充满好奇的心。索尼公司从 2000 年开始设立了索尼探梦科技馆 —— 一个光与声音的科学馆，是一个以"神奇、感受"为特色的体验型科技馆，可以让孩子们在惊奇与感动中亲身体验科学的神奇乐趣。我曾经负责运营这个科技馆近 4 年，索尼探梦科技馆不仅重视展品的独特创意，更加重视对讲解员团队的精心培养以及各种互动表演的创作和提升。仅仅这个科技馆的运营，每年就要花几千万元人民币，多年来接待了成千上万的中小学生，启蒙着他们对于科学的好奇和向往。索尼探梦科技馆虽小，但由于其独具特色，在中国的科技馆领域也赫赫有名。

说到这里，我想到了另外一个比较重要的问题，我曾经参观考察过我国好几个大省的科技馆，也去过国外的一些科技馆，从我们国家的投入和硬件设施来说，绝对都是大投入，设施展品也相当先进，有的甚至包揽了所有最先进的影院设施，国家给各科技馆拨了很好的地块，占地面积都很大，楼也盖得一个比一个漂亮，不可谓不重视对青少年科技素养的培育。但是，本应该承担起通过互动让小朋友们对科学产生更多好奇和感动的讲解员团队，有的竟然是全部外包给了普通的劳务公司，对讲解员也没有太多的职业培训，完全不重视人与人之间在心灵层面的沟通，让人觉得非常可惜。索尼探梦科技馆对于讲解员的专业培训有 20 多种，高度重视与参观者的沟通互动界面。

索尼除了通过设立科技馆来启蒙中国儿童对科技的好奇心，每年还在中国开展爱心助学活动，专门向中国偏远地区的小学校捐赠课桌椅、黑板、文具、书籍和体育用品，因为中国有大量乡村小学的孩子们还坐在破板凳上上课，教室里连像样的黑板和课桌椅都没有，更不要说文娱用品了。这个项目自索尼公司在中国设立分支机构后不久就开始开展，常年坚持，至今已经帮助到了许许多多的中国乡村小学，改善了孩子们的学习生活条件，让他们能够更加专注于学习。

京东则利用自身电商平台的优势，以产业扶贫的方式，在全国范围内开展大规模的扶贫工作，并摸索出了一套"品牌扶贫"之路。例如在河北省武邑县开发了"跑步鸡"健康散养鸡项目，在其他地方贫困县中还陆续开展了"游水鸭""飞翔鸽""不二苹果"等一系列成功创出品牌的爆款扶贫项目。在创始人刘强东先生的指示和亲身示范下，京东以实施起来最困难的产业赋能的方式带动贫困地区的产业发展，坚持授人以渔，让扶贫真正可持续。农产品通过京东遍布全国的物流网络运出偏僻的大山，并在京东电商平台上卖往全国各地，以其先进的供应链服务能力帮助众多村民脱贫，并打造了一条条可持续发展的致富之路。在京东，扶贫绝对不是面子工程，而是从上至下，从销售端、营销端到运营端都认真执行的业务。

每每当我参与到这些贡献社会的项目中时，我都会感到自己的工作更多了一份意义。而在职场中的我们，自身在开展工作时，也应当和企业的价值观保持一致，坚守善良正直的底线，坚持为行业、为社会带来正能量，真正创造出价值，而不是投机取巧，混淆视听，甚至无底线地诋毁他人。当今社会正处于剧烈变革的时期，一些哗众取宠的观点可能会抓住一部分人的眼球，市场竞争也如同丛林战一般，全无规则。在鱼龙混杂、泥沙俱下的大环境下，我们更要坚持做正确的事，分辨是非曲直，坚守道德底线，坚持正直诚信的担当与作为。

5

失败并不可怕，
可怕的是不能重建

"碎掉"的过程一定会伴随着折磨和疼痛。凡是经历过"碎掉"的人，如果能够从哪里跌倒再从哪里爬起来，当伤口愈合后，内心应该会感谢这个"碎掉"的经历。因为疼痛会带给你不一样的东西，冲击你的旧有思维，逼着你思考真实的价值到底在哪里，这个时刻领悟到的东西尤为深刻。

　　"碎掉"很痛苦，但也不要把它当作坏事，这也许正是一个机会，可以扩大自己的边界，学习和容纳进来更多的东西，重新找到自己的定位并创造新的价值，这就是"重建"。

一边是诱惑，一边是风险

在互联网行业人称"中关村第一才女"的梁宁曾经写了一篇文章，她说："一个人成长的过程，就是不断与理想与现实碰撞，在这个过程里自己会不断碎掉，然后需要自我重建。在每一次重建里，扩大自己的边界，容纳进来更多的东西，也学会掌控更多的东西。"梁宁说她在创业的时候曾经问雷军："为什么看上去别人都挺顺利，而我这么不顺？"雷军说："因为所有人在谈的时候，都简化了过程。"

我个人的亲身经历让我感觉这样的对话很真实。

李国威先生（公关行业著名的"姐夫李"，以下将亲切地称他为"姐夫"）在几年前遇到我时就说"我要找你聊"，他那时已经开始写"公关50人"。而因为各种忙碌，虽多次在行业论坛等场合见面，我们始终未能好好聊一聊。直到2017年3月，姐夫约我做了访谈，之后发表了《李曦：从索尼到京东的一步之遥》这篇文章，文章很长，有 7000 多字，但故事必然是简化了过程的。最后他问我："你对新一代公关人有什么建议？"我说："尊重内心。"

忘掉自己的从前，单纯地尊重内心，去做向往的事情。看似简单得不能再简单的逻辑，在今天的社会中真的去做还是需要些勇气的。

说到勇往直前地奔向梦想的人，我想到了我北航的校友和前辈郭川。郭川被誉为"中国哥伦布"，他曾在 2012 年经历了海上 138 天、超过 21600 海里（40003.2 千米）的艰苦航行，于 2013 年 4 月 5 日驾驶"青岛号"帆船荣归母港青岛，成为第一个成就单人不间断环球航行伟业的中国人。然而就在 2016 年 10 月，郭川在进行单人不间断跨太平洋创纪录航行的时候，不幸在夏威夷海域失联，再也没有了音讯。他执着地把一生的热情乃至生命都献给了他所热爱的航海事业，有评论文章称，郭川做的是挑战人类极限的壮举，讴歌了生命的顽强，是中国硬汉的符号，也是人类的骄傲。

像郭川这样的人已经升华为对梦想向往和执着到极点的精神符号。

对于我们大多数人来说，首先要搞懂自己内心到底向往什么，希望创造什么价值，是不是具备达成目标的基础素质，然后还要思考相关的风险等级和自身的承受能力，能不能应对这些挑战。重要的事情，人生的选择，真的要自己思考、自己决定，然后自己承担。

很多创业者都是因为想要实现个人远大的理想开始做一件事情并执着地做下去，而不是奔着可以见到的功利。当他们真正为社会创造了价值，回报也会随之而来。但是在获得回报之前，绝大多数的日子都是在极为辛苦甚至是痛苦的煎熬中度过的。所以，如果你搞错了顺序去创业，很有可能是坚持不下来的。

而企业转型有时比创建一个新公司还要难，从实际结果来看，少数公司的变革非常成功，少数公司一败涂地，大部分公司介于两者之间，都不太成功。很重要的原因是，管理者有时会低估让员工走出舒适区的难度。而走出舒适区，就相当于让自己先"碎掉"，但碎掉之后是不是能够"重建"，则要另说。

无论是创业，还是转型，抑或是职场上的每一次选择，多数人都会有"碎掉"的经历。"碎掉"的感觉，可能是辛辛苦苦、加班加点、尽心尽力、掏心掏肺地努力做了很长时间，甚至感觉总算爬出地狱要见到一缕阳光了，然而就在此刻，你的一切努力忽然间白费了，没有得到应有的回报，甚至创造的价值也没有能够获得认可。前面提到的阿蒙森团队和斯科特团队征服南极的故事中，斯科特团队同样历经艰难险阻，但是由于他们的策略、路径和所做的一切准备仍不足以抵抗难以想象的挑战和困难，最终不但没有获得首个征服南极的荣誉，还搭上了整个团队所有人的性命，17 个人最终无一生还。

我的一个朋友创业做电动汽车的销售服务平台，刚开始创业的时候整体经济形势非常好，消费升级的趋势非常明显，越来越多的中产阶层及以上的消费者开始青睐更加环保的电动汽车，而国家政策也鼓励这一领域的创业，给予了一定的支持，所有人的判断都是这块确实是一个潜力很大的市场，需要一个综合销售服务平台便于消费者选购电动汽车和相应的配套服务。

一切看起来顺理成章，但仅仅两三年后，经济形势就发生了很大的变化，人们的钱袋捂得比以前要紧了，对于更好但不必需的商品开始减少消费，同时电动汽车产品本身仍然有待完善，没有达到消费者的预期，因此短时间内难以大面积普及。大环境的变化，加上具体的行业发展的速度比预想的要慢，导致他的企业开始面临困境。

为了挽救这个创业公司，他想了各种办法，四处奔走，努力了一年，但仍收效甚微。由于创业项目初期吸收了不少投资人的资金，他感受到了极大的压力，整个人变得非常焦虑，夜里经常失眠，且发展到了极为严重的恶性循环的状态。最后，他决定放弃，关掉公司，卖掉房产还钱；但至少人还在，"留得青山在，不怕没柴烧"，凡是经历过的都是人生财富。我们常常看到创业者经过多年的努力终于获得了成功的故事，岂不知创业失败的例子远远多于成功案例。

就在不久前，我又看到了互联网行业里的一个不幸的消息，就是曾经参与创办本来生活网的前褚橙营销负责人、被称"营销天才"的蒋政文在与癌症搏斗 20 个月之后不幸英年早逝。近几年，我们时不时就能够听到才 40 岁出头就不幸因病过世的互联网行业创业者或高管，我想，大抵是在体力极度透支的情况下，对于身体的抗议并没有给予足够的关注，最终导致无法挽回生命。无论如何，生命是最宝贵的，我们要有梦想、追随内心的想法，但也需要知道自己的边界。在能够承受的边界内，有策略、有方法地去达成自己设定的目标。否则，追逐梦想就会变成一件惨烈到不能承受的事了。

每个人在职场中都会遇到挫折，挫折有大有小，无论在什么情况下，我们都需要调整好自己的心态，尽量让自己处在良好的心理和身体状态下，用积极的态度和方式去解决问题。

我有一个在跨国公司工作多年、非常资深的公关行业好友，为了完成跨国整合的艰巨项目，一年里她抛家弃子地在飞机上、酒店里一共度过了235天，在艰苦卓绝的努力下，终于完成了十几个国家的团队和业务整合，可是最后该她坐的职位却被总部一个老外占了。她跟我描述当时那种感受的时候，用了"心碎"这个词，其实就是整个人都有"碎掉"的感觉。

"碎掉"的过程一定会伴随着折磨和疼痛。凡是经历过"碎掉"的人，如果能够从哪里跌倒再从哪里爬起来，当伤口愈合后，内心应该会感谢这个"碎掉"的经历。因为疼痛会带给你不一样的东西，冲击你的旧有思维，逼着你思考真实的价值到底在哪里，这个时刻领悟到的东西尤为深刻。我的这位朋友后来负责了亚太区，她说："经历的都是财富，包括不公正的待遇。"她已经从那次失落中走了出来，相信她有了这样的历练，工作能力肯定又上了一个台阶，也为未来做好了准备。

"碎掉"很可怕，但是更可怕的是"碎掉"了却不能"重建"。很多人就是因为恐惧这一点，始终不能下决心走出原来的舒适圈。DVF的创办人黛安，她的母亲曾经多次教导她"不要选择恐惧"，就是帮助女儿从小就逐步建立自己强大的战胜困难和恐惧的心智。确实，每个人都会对某些事情产生恐惧，要想全部战胜恐惧，真的需要长期的自我历练。

过去几年间曾经有几个朋友约我深聊，其实他们都是问我同一个问题，就是"要不要从现在的岗位出来，转型互联网公司或投入创业大军"。

他们一个是国有大银行的朋友，问要不要选择转型互联网金融；一个是大医院的著名牙医，问要不要出来去私人诊所，这些诊所不仅正在急剧扩大，环境和体验更好，拥有最先进的设备，还在谋求上市；还有做汽车这类最优行业的资深公关人。这几个朋友至今并没有选择离开，我想是因为他们现在的工作平台仍然非常优越，自带光环，实在很难放弃。万一把自己"碎掉"而又不能"重建"，带来的损失和打击将是巨大的，甚至再也无法弥补。

我写下这些，并不是想说，不要把自己"碎掉"。我真正想说的是，自己"碎掉"了之后，不要害怕。

当然，放弃熟悉的工作环境，丢弃身上的光环去重新开始，内心需要有坚定的信念。陌生的环境，全新的文化，生疏的人际关系，以及要再次靠时间和能力证明自己、获得信任，这些都是挑战。有一段时间，我每天早上起来后会默默地跟自己说"不怕"。

"碎掉"很痛苦，但也不要把它当作坏事，这也许正是一个机会，可以扩大自己的边界，学习和容纳进来更多的东西，重新找到自己的定位并创造新的价值，这就是"重建"。

我深信，有很多人有过类似的感受，我身边也有很多让自己"碎掉"之后又努力"重建"的朋友。

比如我有两个曾经做人力资源的朋友，他们都放弃了跨国公司的铁饭碗，几年后，一个成为知名的心理咨询师，另一个成了颇有名气的领导力培训讲师。我深信在他们"重建"自己的那几年，一定是相当艰难的。但是走过了这几年，坚持下来并找到了自己新的定位后，他们都变得比以前更加自信和能干了。

比如公关行业大名鼎鼎的姐夫现在也是在自己创业。他曾跟我说："我觉得其实当初可以再早点出来。现在接触的世界比以前丰富了很多。"在"重建"的过程中，他正在不断扩展自己的边界，每天吸纳进来更多的东西，不断思考创新和寻找机会，而这些正是创造新价值的基础。

比如我周围的很多媒体人，随着媒体行业发生巨变，他们从传统媒体转型到新媒体、转型做公关、转型做投资。他们各自都在让自己"碎掉"，并在这一过程中，变得更接地气，更了解企业，寻找到自己的定位，并重建新的价值。

比如我身边的不少同事和朋友，在跨国公司获得优越稳定的工作之后，放弃已经取得的成就，又来到京东并成功推动了京东赴美上市。在这样一个飞速发展、剧烈变化的互联网电商公司，他们更是随时都会被赋予新的目标，他们从未敢停歇，每一次"碎掉"后的"重建"

都全力以赴。先要"碎掉"自己以往在传统行业已经取得的成就，然后在全新的领域"重建"新的价值。可以想象，这个过程相当不易，除了有高远的目标，过程更充满了艰辛。创业之路艰难，光鲜时刻短暂。

京东的创始人刘强东，2003 年已经有了 12 个店面，在非典袭击之前生意已经小有规模；非典时期商场空无一人，眼看几年的辛苦就要打水漂，不可抗力就这样让业务都"碎掉"了。而这也给了他探索电商的机会，当他决定开展电子商务后，硬是力排众议，关掉了当时还占有 95% 以上业务的所有实体柜台，2004 年开始，义无反顾地投入到全新的领域。

15 年后，京东实现了令世人瞩目的惊人超越，不仅成为第一个进入财富全球 500 强的中国互联网公司，而且连续三年每年超越榜单上数十家企业，从最初进入榜单的 366 名，跃升至了 2019 年的 139 名。清晰地记得 2016 年的年会上京东创始人刘强东先生宣布，以前取得的所有成功归零，从现在起全面改造京东，致力于把京东打造成为一个更先进的、全面智能化的商业体。成功的企业一定是寻找到了让自身不断发展壮大的驱动力，不断地主动"碎掉"自己的成就，扩展自己边界，建立新的价值，因而也走到了大多数人的前面。在今天的中国互联网界，我深信类似这样的事情还会不断发生。可以说，"破碎"和"重建"已经成为所有互联网公司的新常态，成为中国乃至全世界的创业、创新动力之源。正因为如此，今天的中国互联网企业已经可以与全球顶尖互联网企业齐头并进，前所未有地站在世界经济舞台的中心。

我在一次关于互联网营销启示的主题演讲中谈到了我对公关未来发展的一些思考，在这里不妨用"破碎"和"重建"的逻辑梳理一下。

这是一个传统被颠覆的时代，过去强大不意味着今后会继续强大。在今天信息传递越来越扁平化的时代，传统关系型公关公司未来将面临诸多不确定性，因为你所依赖的东西也许正在被"碎掉"。

互联网是未来商业的基础设施，而数据是未来商业运营、服务创新的重要原材料。没有好的基础设施，再好的车也跑不快；没有原材料，再牛的厨师也炒不出好吃又有创意的菜来。

大量的品牌今天纠结于碎片化阅读和消费者关注度极度分散的时代带来的传播效益递减；不积极探索和创建互联网新时代营销方式的品牌，也许很快就会被"碎掉"。公关和营销需要帮助品牌"重建"，共同开创出新的价值，共同获得新的成长，共同打造新的竞争优势。

"碎掉"看上去可怕，但安于现状也许会更危险，只要看准趋势，做好分析，就不要害怕主动"碎掉"。世界已经被撕裂，而裂缝，才是光照进来的地方。

好好思考，你是不是需要"重建"。

允许自己失败，也允许别人失败

重建新的优势需要不断创新，创新意味着不断尝试未知领域，可能成功也可能失败，这个道理每个人都懂，但真的遭遇到失败时，却有很多人不能接受。

正是因为惧怕失败，很多人选择不离开自己的舒适圈，这种选择肯定限制了进一步拓展自我的空间，但是也许在自己熟悉的小范围内可以过得比较安全舒适。不过，在时代变化如此剧烈的今天，这种安全舒适里面隐藏着潜在的危机，好日子也许不会像你想象的那么长，因为时代在不停地变化，长期一成不变地做事，可能会在某一天突然发现自己再也无法跟上时代发展的脚步，那时就是彻底的失败。

诺基亚手机曾经风靡全球，产品线非常长，覆盖了从低端到高端的所有用户群体，曾几何时，基本上人手一部诺基亚。诺基亚手机产品质量可靠，电池耐用，信号非常好，价格也便宜，人人喜欢。但是现在的人，特别是年轻人，知道诺基亚的已经很少了。诺基亚管理层在把公司卖给微软的时候，时任CEO最后说了一句话："我们并没有做错什么，但不知为什么，我们输了。"说完，连同他在内的几十名诺基亚高管情不自禁地落泪。如果说继续按照过去成功的延长线做事，诺基亚确实没有做错什么，但是它却被这个时代无情地打败了。

历史的车轮滚滚向前，它不会因任何人的消极或迟钝而停止。时代抛弃你时，连一声再见都不会说。15年的世界第一，从世界第一到破产，诺基亚只用了一年的时间。

成也萧何，败也萧何。过去支撑你成功的东西，未必还能让你继续成功。

柯达，曾经的全球胶卷生产巨头，在全世界拥有无数柯达冲印店，其势头如日中天。但是，由于在数码时代来临的时候动作迟缓，还希望一直生活在冲洗胶卷的时代，一直做胶卷时代的巨人，可惜一厢情愿并不能扭转别人对新生事物的渴望与追寻，柯达错失了转型数码的机会，柯达公司的市值从1997年2月的310亿美元降至2011年9月的21亿美元，十余年蒸发了99%，2012年1月，柯达巨人轰然倒下了。越成功，越容易形成固有的思维，越不容易接纳新生事物。跟不上时代，再大的公司都会被淘汰。

不断学习，不断接纳新的事物，拥抱新的时代，是我们应该持有的态度。前进需要不断创新，创新就有可能失败；要允许自己失败，也要允许他人失败。失败的确让人难过，但是比失败更让人难过的是，因为害怕失败而不敢尝试自己想做的事情。

为了最终达成自己的目标，为了"碎掉"以后还能够"重建"，我们要做的是，尽量做更加充分的思考和准备，以最大限度地降低失败的概率。要知道，走出自己的舒适圈、进入新的领域需要巨大的勇气，可是，光有勇气是不够的，还要尽可能做好迎接新挑战的准备。也许你可以试着思考和权衡下面一些事情。

一、新的领域是不是自己内心特别渴望做和喜欢做的？与希望进入的新的领域相结合，再一次回顾你的长期发展目标。

二、新的领域是不是处在产业爆发的前夜（选择进入的时间点非常关键）？未来是否具有巨大的市场潜力和发展前景？

三、你是否高度认同所选择企业的价值观？

四、自己的优劣势、资源、经验都有哪些？去新的领域可能会遇到哪些挑战和困难？自己所拥有的优势、资源和经验在多大程度上能够应对未来的挑战、战胜未来的困难？

五、自己的学习能力、身体状况、适应性、灵活性是否能让自己在新领域迅速融入并足以支撑巨大的工作压力？

六、获得他人的建议。可以咨询一两位有过类似经验的人——他们或者取得了成功或者有过失败的教训，作为自己的参考。

七、最坏的可能是什么？为所有能够想到的最坏的可能做准备和预案。

思考上面的这些问题可以帮助我们做一些包括认知和心理上的准备。也许，当我们真的在新的领域中开始实践后，会发现之前所做的这些认知准备和心理准备可能远远不够充分和完备，因为有很多事情在你经历之前是完全想不到的，在当今变化的速度极快且复杂性极高的时代，理论分析总是很难超越实践经验，尽管如此，这些前期的思考和准备仍然能够在一定程度上帮助我们尽可能完善决策前的思考，做好心理预期和建设，帮助我们降低失败的概率。其中我认为第一条和最后一条非常重要，第一条是判断即将做的这件事是不是追随自己内心的渴望，如果是，就成功了一半，即使最后的结果并不那么理想，为了自己所渴望做的事情一试身手，怎么说都值了；最后一条"为所有能够想到的最坏的可能做准备和预案"，反映了我们常说的"做最坏的打算，做最好的努力"这一观点，那么即便是经过一番努力最终仍然失败，我们也有心理承受能力，还可以从这次失败中获取大量宝贵的经验，而我们最应该做的，就是让失败变成自己的人生财富，去成就未来的成功。

有挫败才有成长，受挫一次，对工作和生活的理解也加深一层。若想让失败成为自己的人生财富，还能成就未来的成功，分析失败的原因是非常关键的步骤，否则就白失败一场，只留下痛彻心扉的感受，而没能获得这次失败经历中最宝贵、最有价值的东西——这可能是精神上的养分、认知上的提升、技能上的改进或物质上的积累。我们可以通过至少回顾以下主要问题来分析失败的原因。

一、目标设定是否足够明确？

二、策略制定是否有缺失或者错误？是不是对背景情况的掌握和分析不够充分？

三、行动是否按照计划实施？是否有拖延或走形的情况发生？

四、关键时刻是否有过犹豫不决、优柔寡断，导致丧失了打胜仗最关键的时机？

五、哪些地方和预想的不同？为什么没有预计到（要仔细分析原因）？计划是否有灵活性和可调整性？是否做了预案并适时启动？

六、行动之前是否制定了衡量和评估工作成果或绩效的方式？绩效评估是否能起到关键的推动作用？

七、团队合作和作风是否出现问题？例如团队成员之间是不是能够很好地相互配合？是不是出现问题就总是找别人的原因，而不是首先回顾自己的问题？团队是不是自大和过于骄傲？是不是一些团队成员的能力不足？等等。

八、思想上是否做好了一切准备？包括自己的意志力是否有过松懈？对于形势或"敌情"的预判是否有大意的地方？

索尼的管理者面对在某项工作上失利的团队成员，常常会说这样一句话："我们不会放弃他，因为我们刚刚培训了这个队员。"当然，这个队员必须是一个有上进心和责任心的人。这样，虽然这个队员在一项工作上没能做好，如果他能够认真分析失败的原因，并吸取失败的经验教训，再加上上级的宽容和信任带给他的内心感激之情和报恩心理，大概率这名团队成员会抓住后面的机会越做越好，后续给公司带来的价值远远大于他之前造成的损失。

相反，如果不去分析失败的原因，那就像狗熊掰棒子，掰一路，丢一路，最后也没能获得多少东西，下一次能否成功仍是未知数。

不光是失败了要分析和找出失败的原因，每一次的成功也需要分析，不光是分析为什么成功，还要分析其中做得并不完美，但是这次很幸运并没有导致问题的那些地方，这些地方最容易被忽略，却是极为关键的。

在职场上，我们常常会看到，同时进入企业的两个人，开始时职级相同，但是 5 年或 10 年以后，两个人之间的差距变得非常大，很重要的原因就是，更加成功的那个人会经常回顾自己的工作，在做得不够好的地方、失败的事情上反复找原因，找改进的方法，后面不断改进提升；在做得成功的事情上也要反思还有哪些地方做得其实并不是那么完美，还有哪些空间可以把事情做得更好一些，还有哪些潜在的风险这次没有被暴露出来，而不是被一次成功冲昏了头脑，忽略自身的不足。发现这些问题后，默默地夯实基础、补上漏洞、提升能力，让你的战斗力变得越来越强大，为后面的每一场战斗都做好最充分的准备。

互联网时代流行产品的不断迭代，一开始推出的产品并不是最完美的，是在与很多用户互动和获得用户反馈的循环往复的过程中，产品被不断地改善和迭代，变得越来越好。这和我们在职场的发展历程如出一辙，我们的大量工作都应该听取他人的反馈，采用多个不同的视角去评估自己的工作成果会对我们的持续提升有很大的帮助。当我们找出各种阻碍我们获得成功或者做得更好的那些问题后，我们就可以进行针对性的改进。

所以，成功绝不是撞大运，而是先要有大量的积累，包括很多的尝试、犯错并纠错，以及不断地再实践、持续的能力提升，直到建立愈加强大的竞争优势。当很多不完美乃至失败的经验教训通过不断地去粗取精变成我们的财富后，离厚积薄发、修成正果可能就不远了。

做好人生反复"从0到1"的准备

从 0 到 1，是从无到有的过程，这中间有不为人知的辛酸与血泪，会给人特别艰难的感受。

2016 年 8 月 8 日，中国国家女子游泳队运动员傅园慧在里约奥运会女子 100 米仰泳半决赛，以 58 秒 95 的当时个人最好成绩晋级决赛，赛后采访中，喜出望外的她以天然生动的表情、率真幽默的表达一夜成名，走红网络。"哇！我以为是 59 秒，我很满意，我没有保留，我用了洪荒之力了！""鬼知道我经历了什么，最近 3 个月恢复太辛苦，奥运训练生不如死，我已经心满意足了。"小姑娘最后一句"生不如死"道出了从 0 到 1 的艰难。

我自己感受过的从 0 到 1 印象比较深刻的经历有过几次。

2009 年我被提升为索尼中国区的副总裁之后，一下子多了很多以前没有承担过的职责，其中有一项是负责索尼探梦科技馆。索尼探梦科技馆是一个独立的法人，有自己的财务、人事等独立职能，领导索尼探梦科技馆，相当于运营一个独立的公司，而我在那之前只是在索尼中国担任公关部门一个部门的负责人。虽然在当时还没有从0到1这个概念，但现在回想起来，那段经历的确是一个从0到1的历程。

记得那时我每周只能拿出一天的时间去索尼探梦科技馆上班，虽然我只能分配1/5的工作时间给索尼探梦，但我所要担负的职责却是百分之百的，我也是要对整个团队负全责，一点儿马虎不得。作为一个公司的总经理，我需要全面了解和管控这样一家独立公司的人员情况、财务状况、经营理念与策略以及公司运营的所有细节，并且我已经向索尼中国的总裁先生承诺了比以往更高的目标。我需要确保这个公司在一切正常运转的同时，能够进一步提升业绩指标，达成更出色的绩效和更高的目标。

这项全新工作所需要覆盖和操心的细节非常多，其中有很多是我以前从未经历过的。举例来说，仅仅在人员管理方面就会包括人员结构的设置，人员的招聘、培训、管理、绩效的设定与评估，薪酬福利标准的制定和调整，员工守则的制定和更新，劳动合同的管理等。而作为一个独立法人必会涉及财务、税务、工商等方面的事务和与外部各相关主管部门的沟通。当然还会有大量的运营管理工作，这也是最主要的核心工作内容，需要花费大量的精力，包括需要管理好展馆的设备、信息系统、票务系统和官网的运行，做好展馆安全的保障工作，以确保展馆可以正常对外营业；需要定期开发、制作、更新展馆的高科技展品；需要定期开发新的科学表演内容，包括科学剧、探梦实验室表演等；此外还需要经营好探梦的快餐咖啡厅、纪念品商店等种类繁多的服务项目，目的是让来展馆的客人无论想体验哪方面的服务都能够满意而归，并且口碑相传。而在运营管理中，需要通过设定大量的工作标准和指标来确保展馆各个方面运营的质量，还需要通过年度的全面调研和审核来回顾、监督整个展馆运行的状况。

为了做好这项全新的工作，我自学了很多原来自己并不具备的知识并探索了许多陌生的领域，包括财务和税务、管理心理学与顾客心理学、科技展品的开发与生产、快餐咖啡厅的经营管理等，接手索尼探梦科技馆的第一年我几乎没有了自己的业余生活，大量的时间花在学习新领域的知识上面。尤其是我当时还负责了公司在华的品牌标识管理、公司在华官方网站、公司在华品牌调研等以前的公关工作以外的新工作，很多东西需要我去快速学习。后来我和索尼探梦的团队一起在原来的基础上做了很多方面的创新，并充分发挥我在品牌管理和公关行业的资源和经验，使其在科技馆领域、中小学生群体和普通消费者中间的影响力有了大幅度的提升。

我记得我们专门创意了"科普万里行"项目，把索尼探梦科技馆开发的精品科学剧、独特有趣的科学实验互动表演带到全国各地的省市科技馆，每次去到当地，我都会让索尼中国公关部的区域公关同事邀请区域媒体也来参与活动，在了解索尼技术和新品之外，也更多地了解索尼全心投入的社会贡献活动。这样一来，我们既突破了自身展馆面积和地点所带来的局限，又让索尼探梦的理念依托精品科学秀的生动形式传递到全国各地更多的孩子中间，也为区域公关同事增添了更多有意思的传播话题和故事。最终，我们在大幅度提升品牌知名度和影响力的同时，还做到了比以往更加严格地控制预算。

2013年初，我来到京东之后，立即投入到从头建立公关体系的工作中，首先把我原来十多年的经验高度浓缩，再结合京东和互联网行业的特征，在极短的时间内，搭建了一个比原来在索尼还庞大好几倍的公关团队、组织架构和业务体系。那些年电商公关大战如火如荼，尤其是前面三年简直是烽火连天。在那三年里我们一边建团队、一边打仗，互联网的节奏超快，不给你精雕细琢的时间。而公关的要求又非常高，需要在一字一句间运筹帷幄，因为发出去的每一个字，都会引起大量的关注。因此，整个公关团队的小伙伴们经常工作到很晚，周末工作也是家常便饭。尤其到了"6·18"和"双11"大促销，每次大促销都会是一个连续4~5周的高强度公关战役，在中国乃至全世界都是非常特别的体验，没有人在这方面更有经验，都是面对一场全新的战役进行大量的筹备、制订周密的计划。但是，各方开始交战时，会有各自不同的出牌方式，逐步将整个大促销烘托至全社会关注的焦点，也经常会发生节外生枝的情况或一些突发事件，此刻就需要灵活机动地进行快速应对。我记得我们在"6·18"和"双11"最高潮的那两天，大家都连夜不停地工作。经过3年多的团队组建、大战历练，终于形成了一个相当强的公关战斗团队。这个从0到1的任务基本完成了。

在完成整个公关体系的搭建之后，2017年，我又几乎从零开始搭建国际市场的公关体系。"国际市场"说出来是一个词，但是，它的实质却是许许多多不同的市场。每个国家，从语言、体制、信仰，到文化、习俗、市场环境，都完全不同。在中国取得成功不代表可以在其他国家也取得成功，因此我们需要有针对性地制定策略、采取行动。例如我们说"东南亚市场"时东南亚似乎就是一个市场，然而我却看到了印尼市场、泰国市场、马来西亚市场、越南市场、新加坡市场……它们彼此之间是如此不同，媒体格局不同，新闻报道的语言、文字、风格不同，对中国的企业和文化的接纳程度不同，公司在每一个市场上发展的阶段不同，在当地的合作伙伴也完全不同。此外，公司在欧洲、北美、日韩等市场也都拥有跨境业务、与当地合作伙伴合作开展的业务、参与的重大国际项目等。在欧洲，英国、法国、德国、意大利、瑞士、西班牙等国当地人阅读的媒体也都有各自的语言，每个国家都有自己独特而深厚的历史与文化，不可简单地统一对待。美国则与亚洲、欧洲又是完全不同的市场，并且在全球掌控着一定的话语权。

在从头开始搭建国际公关的架构和体系时，我深切地感受到了要做无数次从 0 到 1 的工作，包括学习了解每一个国家的宗教信仰、政策体制、文化环境，在每一个国家招聘当地公关同事或与当地公关同事形成密切的合作关系并对他们进行深入的培训，开发英语和多语言的新闻内容，拓展各国当地的媒体沟通网络，根据各国不同的政治经济环境以及公司在当地的发展阶段设定传播话题，在世界各地开展重大国际项目并与各国国际组织进行沟通协调，等等。这些面向海外陌生市场的开拓工作确实给我带来了很多挑战，也让我觉得焦虑，但是通过大量的学习、运用多年的管理经验和国际沟通经验，我和国际公关的团队完成了许多精彩、重大的国际项目，将京东的名字和成功故事传播到世界各地，也为公司赢得了更多的重要国际合作。

最开始尝试从 0 到 1 给人的感受也许会是最难的，尤其是在时间、资源的局限下，多种压力接踵而至，而自己又不熟悉这些未知领域，压力、焦虑、辛苦以及看不到确定的结果的那种彷徨全都交织在一起。这时必须要具备强大的抗压能力、自我驱动的能力、持之以恒的能力以及忍耐煎熬的能力，才有可能完成这第一次的从 0 到 1。有了第一次从 0 到 1 刻骨铭心的经历后，第二次的从 0 到 1 更像是一个进阶的过程，你感觉到更难的同时，也会开始相信人是有很大潜力可以挖掘的。到了第三次，你大体已经从之前艰苦卓绝的经历中学习到了这种事的精髓，并且你会告诉自己，"我可以重新开始"。此刻，你基本上跨越了一个坎，也已经变得更加强大。

关于恐惧

恐惧是一个非常讨厌的体验，它会发生在从 0 到 1 的进程中，那些对全新领域的陌生感，对自身技能的怀疑感，对工作始终看不到成果的挫败感，以及对未来的不确定感，都可能会以恐惧的方式袭击你。

不要被恐惧感击垮。我们能做的，就是"不选择恐惧，选择战胜恐惧"。要相信你有这样的潜能。与其在那里惶惶不安地担心、恐惧，不如横下一条心，制定突破各种瓶颈和障碍的策略，并付诸行动，并且在行动过程中根据情况的变化进行及时的调整，然后进行阶段性的回顾，以便能够进行反复思考，避免策略上的错误，纠正行动上的偏差，通过理性的、充分的思考和行动，有效地降低恐惧感，也让我们一步一步地实践，距离完美或理想的结果越来越近。如果做了一切努力却始终不能达成目标，且出现了重大的资源或资金上的损失，那么通过理性的思考和分析之后，在必要的时候进行止损。当然，一切决定都不要以身体健康作为代价。

关于舍弃

从 0 到 1 是建立，再一次从 0 到 1 意味着你需要首先从 1 到 0。从 1 到 0，是把曾经的努力和收获都抛诸脑后的过程，即"归零"。用一位运动员教练的话说，就是"没有成功之前，一切从零开始；成功之后，还得一切从零开始"。归零、再出发，才能够开始下一次的从 0 到 1。很多人不能舍弃已经获得的，却也因此错过了开拓新领域的机会。有的时候，你面临必须归零的局面，那么你可以收拾一下情绪，调整好自己的心态，忘记你曾经付出的，忘记昨日的悲伤，留住昨日的快乐，牢记你曾经获得的。让自己以良好的状态迎接新的开始，用微笑告诉自己和别人，今天的我比昨日更强。你一定能够发现很多新的可能。相信自己，只要有决心、信心，加上有正确的策略和实践，你还会有新的收获。我们的生命，就是以不断出发的姿势得到重生的。

变化才是这个时代的主旋律

2016 年我被品牌联盟评为"2015 中国十大品牌女性",在同步举办的以"心未来·行未来"为主题的品牌女性高峰论坛上,我做了如下的发言。

无论是企业的品牌建设还是我们的职业生涯,都要不断地面对新的十字路口。每一次的选择都将带领我们去到一个未来的不同之路。每次选择也会让我们重新审视我们内心,一次次回到心灵的起点。我觉得这是变化不曾停歇的时代,只有变化才是这个时代的主旋律。新的技术、新的产业、新的商业模式每天都在蓬勃生长,开启新的纪元,诞生新的王者。2013 年 1 月 15 日,我正式走进京东办公室,虽然面对一个新的品牌、环境和氛围,但我非常享受学习的状态,和京东零距离接触充分满足了我对互联网创业企业的好奇心。

今天跟大家简单分享我的三个感受。

第一个感受就是以终为始。

京东的终极目标就是提供极致的用户体验,作为人生目标就是创造价值。每一天我都能够切身体会到用户体验是京东一切工作的出发点和目的地。2013 年刚刚加入公司一个月的时候,我参加一次京东的高管培训。在那年 2 月非常寒冷的冬天里,有 20

多个高管加入了北京配送员队伍，周末我穿着配送员的服装，跟着配送车，旁边有一个配送员小伙子指导我的工作。早上 8 点开始在配送站分货，然后就开始为用户送货，一直到中午 12 点，我配送了 20 多单商品。我是头一次穿配送员的衣服去给消费者送货，亲身体会了京东配送员的辛苦，也感受到了用户们拿到所订购的商品时的那份喜悦。最后一公里的配送在提升用户体验的整体流程中扮演着非常重要的角色。上午半天体验之后，当天下午刘强东先生组织了一个专项高管讨论会，20 多个高管穿着配送员的衣服一条一条地把他们跟顾客接触的体会、顾客反馈以及在流程之中有哪些我们觉得可以改进的地方，全部说了出来。我们当场就做了很多的决策，确定了很多提升用户服务的细节，决定进一步改进相关管理工作，决定启动研发力量进行新的产品开发。

大家都知道京东快递小哥有点像品牌大使，他们非常熟悉自己的配送区域，非常熟悉自己的客户们，很多快递小哥对待客户就好像对待他们的亲人和邻居一样，不断熟悉用户的购物需求和方便签收时间。他们也在做很多其他的力所能及的事情，我们四川的阆中配送站，他们常年帮助脑瘫和重病在家的大娘。不仅给她送粮油和生活必需品，还经常前去探望和照顾。在怒江站，要常常使用溜索的方式横跨怒江到对岸的山里送货，快递小哥们真的非常拼。京东的自营物流也是我们的一张王牌，有坚固的基础、庞大的网络和充满激情的京东人，深受消费者的欢迎和厚爱。

截至去年年底，我们在全国拥有七大物流中心，在50座城市里面拥有和运营200多座仓库，5000多个配送站和自提点，覆盖全国范围内将近2400个区县，2万多个乡镇，17万个乡村。（注：截至2019年6月，京东物流自营配送覆盖了全国99%的人口，中小件及大件物流配送网络100%覆盖中国大陆行政区县，在全国运营超过550个大型仓库，物流设施占地约1200万平方米。）从这些基础设施的建设可以看到，京东自创业以来将用户体验这件事努力做到极致。经过十几年的努力取得了今天的成功。我深刻地体会到人的一生也需要聚焦，为自己的梦想不断地努力。无关你已经获得什么，那已经变成过去，不再重要。创造价值是更加重要的，而不是确定性。以终为始，不忘初心，心有未来才可以行走未来。

第二个感受是坚守底线，坚持原则。

我们处在变革时代，新生事物风起云涌，泥沙俱下，需要不断地创新，更加需要坚持原则。京东是一家坚守底线的公司。网上经常有人说刘总是霸道总裁，通过跟他工作的接触，我的感觉是刘总是京东最有力的一个底线的捍卫者，是消费者利益最坚定的维护者，也是一线员工最温暖的守护者。

品质是我们成功的命脉，品质也是消费者的心结，高品质是消费者选择京东重要的原因。一路走来我们坚持正品行货，对假货零容忍。我们的坚守得到了非常多一线品牌的支持。今天我们有超过 10 万个合作伙伴，包括所有耳熟能详的品牌。（注：截至2019 年 3 月，京东的合作伙伴已经超过 20 万个。）我在传播领域已经从业 20 年，媒体公关行业近年来发生了剧烈的变化，面临和经历着痛苦的转型期。无论是媒体人还是公关人，都应该倡导创新，与时俱进；同时也必须要坚守底线，坚守原则，捍卫正义。

第三个感受就是互联网传奇，温暖着无数普通人的梦想。

京东的故事不仅仅是互联网企业的传奇，更是十几万京东人为了梦想挑战自我，跨越难关，美梦成真的故事，是普通的京东人实现自我、温暖家人的人生片段。2014 年 5 月 22 日，我们在美国纳斯达克正式挂牌上市，成为中国第一家在美国上市的大型综合电商企业。我有幸见证这一历史时刻，并且在当时全程负责整个在纳斯达克上市的现场发布和传播活动，包括国内、国外所有的传播。我成为参与京东在纳斯达克上市敲钟的一员。那天正好是我的生日，这真是非常难得的缘分。由于京东极为出色的快速成长，仅仅一年多之后的 7 月 29 日，京东就正式成为纳斯达克 100 指数的一员。纳斯达克 100 指数最早发布于 1985 年，是纳斯达克根据市值和交易量各项严苛条件，在 5500 家上市公司中甄选出 100 家具有成长性的优秀企业，以它们的表现作为整个市场波动发展和未来发展的晴雨表。京东还是中国互联网企业中收入第一名的公司，它的收入增长率在全球十大互联网企业中连续排名第一。2015 年京东集团服务超过 1.5 亿消费者，短短 12 年，京东成就了一个奇迹。（注：截至 2019 年 3 月，京东已经服务超过 3.1 亿活跃用户。）我们的新总部坐落在亦庄，总面积大概 28 万平方米，可以容纳超过 1.5 万名员工。当我从京东总部大楼往外看去，新的大楼也正在拔地而起。

未来京东将致力于成为全球最受消费者信赖的公司，我们还有一个梦想是携手越来越多的中国优秀品牌走向全球市场，让中国制造、中国设计、中国商品在世界舞台中央绽放光芒。我们也希望成为一家让中国人自豪和骄傲的国民企业，"心未来·行未来"，2004 年京东从零开始，没有资金，没有技术，没有资源，36 人的团队进入了电商领域。在第 13 个年头，京东成为中国收入规模最大的互联网公司，仍然初心不改。

今天我特别想说，让我们都保持好奇心，保持学习的状态，保持健康的身体，坚韧跨越难题，为自己的人生创造价值。也许每一次选择不一定给我们确定的未来，但只要我们坚持创造价值，人生就会充满意义。

6

回顾过往，预见未来

回顾过往，是为了思考未来。

变化并不可怕，可怕的是自己一直安于现状，从而错失了所有的新机会。无论是企业的管理团队还是我们每一个个体，必须随时感知各种最新的变化。

想一想那些忽然消失了的曾经的巨无霸，有无数经验教训足以让我们吸取。如果我们自己对于世界上发生的变化没有感知或者不够敏感，时代发展的列车就有可能从我们的身边呼啸而过，将我们远远地甩在后面。

治愈未来恐惧症

发生在 2017 年初的两件事再次提醒我，我们正处于迅速变化的世界，这些变化不断地更新着我们的想象力。

一个是在 2017 年 1 月来自全球的著名科学家和当今中国顶尖科技公司的 CEO 们齐聚北京，参加堪称科学和创新技术界的两大饕餮盛宴："未来论坛"年会和极客公园"GIF2017"大会。数十位当今科学领域和科技公司的顶尖精英们对人工智能、深度学习、机器人技术、能源技术、生命科学等一系列将给人类生活带来全新改变的科技领域进行了丰富的畅想。

另一件事情是，在全世界的注目下、在激烈的讨论和争议之中，2017 年 1 月 20 日美国当选总统特朗普正式举行了就职典礼，这同时也标志着一个"新中美关系"的时代开启。

记得在 2016 年末，公关传播行业里两位大咖曾就公关到底重不重要，以及到底有多重要争吵不休，我想，当中国跨入又一个农历新年、世界进入了新的政治格局、人类迎来更智能化的美好生活之际，我们是否应该重新思考一下我们公关人的未来使命。

我们不妨抛砖引玉，引发畅想。新格局、新秩序下的公关人的使命到底应该是什么？我们应当如何更好地迎接未来？这个重要命题应该需要全行业讨论的，我所分享的三个关键词表达了我对新时代的期许。

关键词之一：共赢

2016 年下半年，"分裂"这个词绝对是全美国上下讨论的热词。2016 年的美国大选是美国选举历史上非常特别的一次，民主党和共和党两个候选人的背景、身份、风格、立场乃至施政纲领，都大为迥异；恐怕无论谁当选，都可能会受到不少人的质疑甚至抵触，这在美国总统竞选的历史上也是前所未有的。基于这样的社会背景，新任总统会采取一些新的乃至相当激进的措施去应对和解决矛盾。牵一发而动全身，美国内政的变化必然会给全球带来新的不确定性。

2016 年底，在中国，实体经济和虚拟经济也一度打得不可开交。实体经济的部分代表企业家认为虚拟经济冲击了市场价格，假货、逃税，严重损害了实体经济，实体经济正在经历痛苦的转型升级；同时，随着流量红利逐渐见顶，虚拟经济也开始遇到新的发展瓶颈和内部创新动力不足的挑战，惶惶然地担心被新生力量所颠覆。

两大盛宴上，科学界的精英们大谈特谈人工智能、机器人等技术如何替代人类的工作，人类如何利用大数据、生命科学、智能技术等不断提升病患预防和医治水平从而可以延长寿命；讨论到最后，不少科学家对未来纷纷表示有些"迷惘"和"恐惧"：人类会不会面临无所事事、不知为什么要继续活着可是也死不了的无奈局面，到那时拿什么来解救人类？然而，另一边，即便是经历了40年左右的改革开放，今天的中国依然有数千万的贫困人口，连维持基本生活都还有困难；且社会上的多数人也还在走向富足的路上努力前行；何谈无所事事的养尊处优？

美国大选结果出来后，面对美国分裂严重的问题，希拉里在她的败选演讲中表示："希望各民族、各宗教的美国人民能够共同创造美好的美国未来。"意在表达她作为民主党总统候选人对待这个问题的态度。

在中国，随着互联网和移动设备已经全面渗透到了人们生活的方方面面，虚拟经济和实体经济已经到了密不可分的时候；只有实体经济和虚拟经济相互取长补短，各自练好内功，建立起自己独特的竞争优势，找到消费者的痛点，不断推出新的解决方案，不断创造新的消费需求，不断满足人们对品质生活的期望，假以时日，中国经济才能再上一个台阶。

随着科学技术的飞速发展，未来贫富差距可能会进一步拉大，发展的不平衡将可能会导致深层矛盾和问题的出现。科学技术终究要为人类服务，科学家、人文学家、历史学家、哲学家乃至企业家和全社会的人们都应该共同关注到未来可能产生的这些鸿沟与隔阂，并共同努力去消减它们给社会带来的负面影响。

公关的使命，从本质上就是促进沟通、消除鸿沟、解决矛盾。我认为根本没有必要讨论公关到底重不重要，改变分裂的局面，消除认知的鸿沟，消解社会的矛盾，以共赢的思维推进社会的进步，公关人完全可以大展拳脚，以大家的智慧和专业能力，撸起袖子加油干，为推动社会的进步与和谐贡献一己之力。这样的事情难道还不够重要吗？

关键词之二：价值

无论是实体经济的浴火重生，还是虚拟经济的迭代创新，抑或是"新中美关系"给经济全球化带来的不确定性，无疑会带给我们新的挑战；新的挑战意味着新的机遇。因为在这些进程中，不可避免地会有大量的企业需要重新找到自己的市场定位，甚至脱胎换骨；需要在技术驱动下以前所未有的创新解决痛点，需要彻底提升企业经营的质量和效率，需要重新定义自身的品牌和服务要带给消费者什么价值，需要在新的世界政治格局下确定战略方向、展开多方博弈，而这些很多都是拥有全球视野和战略性思维的公关人可以发挥专业特长的领域。困难一定会不计其数，但困难存在的意义就在于被一一克服。公关人在这一进程中将有大量的机会去促进多方的沟通，开展策略性的斡旋，推动建设性的进展，分享创新性的思维，创造全新的价值，让公共关系真正展现核心竞争优势。

在社会前进的滚滚洪流中，公关人要成为引领者并创造出新的价值，需要确保一个基础，就是要秉持正确的价值观、秉持传播正能量的原则，秉持"正道成功"的理念。而绝不是乘人之危，浑水摸鱼，为了一时一己之利，损害消费者长久的利益、损害行业和社会的可持续健康发展、损害国际秩序的良性发展。精于术，更要长于道，只有这样才能让这个行业经历大浪淘沙后，精英留存，人才辈出，公共关系从业者才能受到全社会的尊重。

关键词之三：美好

在"未来论坛"中有一个时刻非常令人感动，就是台上有 8 位中美科学家畅想 10 年后的今天。有人说，10 年后，我不敢想象，甚至有一点恐惧，人工智能将替代很多人类做的事情，不知道这将会给我们的社会带来什么。比如说，人类在无所事事的时候会不会发动战争？还有人说，我希望 10 年后很多疾病可以不再困扰人类，按照今天的医疗水平，10 年后我们今天在座的这些人有三分之一可能会得阿尔茨海默病，我的梦想是希望我们 10 年后由于有了更先进的医疗技术，大家都还可以再次回到"未来论坛"的舞台上相聚和畅想。

无疑，科学技术将使人类进步和发展。比如人工智能，在规则透明和特定任务的背景下，机器超过人的水平只是一个时间问题，人工智能或机器计算可以帮助人类实现很多有价值的功能，成为人类的好助手，降低企业的运营成本，提高效率。这个引爆点今天已经真正到来了，在很多领域，机器比人更能胜任。这让人既激动又害怕，科学的进步带来的未来不确定性不免会让今天的人类有了一些"恐惧感"。

但是，人工智能可以代替人吗？卡内基梅隆大学计算机科学学院邢波教授在提到这个话题时，用一首 20 世纪最伟大的钢琴家之一弗拉基米尔·霍洛维茨弹奏的钢琴曲安抚了人们不安的心灵。弗拉基米尔弹奏的曲子是舒曼创作的《童年回忆》，背景是他在俄国十月革命以后到了西方，大概 70 年后 90 岁时终于有机会回到故土，面对家乡人弹奏起这支《童年回忆》。曲子没有什么难度，机器人绝对可以胜任。但是霍洛维茨演奏的时候，全场观众都感受到了那种无以言表的宁静、深沉、直达人心、催人泪下的感动，这种感动直接触及人的心灵，而人工智能甚至还不知道怎么用数学公式去定义它。

科学是人类追逐梦想中的美妙生活境界的重要依赖，但是人类必须能够驾驭自己。

我希望公关人在做每一件事情时可以扪心自问一下，"我的所作所为，是不是在让世界更美好？"在今天日新月异，但同时又鱼龙混杂、泥沙俱下的变革时代，我们要经常拷问自己，我们的所作所为是不是尊重了人类的文明？是不是为了让我们人类更加美好？

然而有人会说，这会不会过于理想化了？在今天的变革时代，很多伙伴都正处于丛林战争的胶着期，有时候为了能够生存下来而不得不放下尊严；未来科学技术的发展必将会带给我们的社会更多颠覆性的变化，社会的不平等也将会成为一个愈加严重的问题；失落、纠结、困境、迷茫、焦虑……毋庸赘言，太多的不美好已经附着在现代人身上挥之不去。

靠什么破？悲哀也好，感叹也罢，都并不能治愈我们；只有心中的使命感可以一直支撑我们奔向更美好的未来。当我们带着促进共赢、创造价值、守护美好这三个使命，向着更远的前方迈出坚定的步伐，当我们内心坚信总有一天会抵达美好，眼前的羁绊又算得了什么？

总有一些精英会跑到大多数人的前面，或许是因为他们幸运地把准了时代的脉搏，或许是经历了千辛万苦后的厚积薄发，无论是怎样抵达了金字塔顶，都应当怀有一颗感恩的心，能有所敬畏，可以偶尔停下脚步回望一下我们人类大家庭，看看是不是还有人需要我们拉他一把。因为我相信，未来精英人类真正的幸福，将会来自更多的付出。

公关人的使命，有时比我们自己想象得更加重要。

十二年预见未来

十二年是一个轮回。

如果我们将时光拉回到十二年前的 2008 年，当时的中国发生了许多震惊世界的大事件。"5·12"汶川大地震令全球向中国投来深深关注和担忧的目光，罕见的强震最终令近 7 万同胞不幸遇难。一位亲历者称："'5·12'使时间和记忆变黑。我们的山脉、江河、大地和生命在那一刻都摇摇欲坠；惊恐、绝望、虚弱、焦虑的情绪久久挥之不去。"

我还清晰地记得，在 2008 年 5 月 14 日，大地震发生仅仅两天之后，我带领当时的团队正在举办一场大型发布会。这其实是一场早就计划好、已经准备了很长时间、规格相当高的发布活动，我们做了快速的应急处理，发布会由我的好朋友、著名主持人鲁豫主持。她首先提议全体参会者为汶川大地震遇难者默哀；然后，著名钢琴演奏家郎朗登台，临场加演了沉痛悼念遇难者的钢琴曲。发布会活动最终圆满结束，对于我们这些从未停止忙碌的公关人来说，随时应对突发情况是家常便饭，这一刻只是 20 多年公关工作的一个小小缩影。

同样是 2008 年，在大地震发生几个月后，北京成功地举办了第 29 届夏季奥林匹克运动会，这一场盛会再一次吸引了来自全球的目光，这一次则是赢得了全世界对中国成功举办夏季奥运会的高度赞誉。

可是，鲜花和掌声刚刚过去，却又非常不幸地爆发了震惊全球的中国毒奶粉事件——三聚氰胺奶粉的丑闻，很多食用三鹿集团生产的奶粉的婴儿被发现患有肾结石，其奶粉中被发现含有化工原料三聚氰胺。事件极为严重，截至 2008 年 9 月，因食用婴幼儿奶粉而接受门诊治疗咨询且已康复的婴幼儿近 4 万人，当时正在住院治疗的有近 1.3 万人，有 4 人死亡。事件引起各国的高度关注和对乳制品安全的担忧，该事件重创了中国制造的商誉，多个国家禁止了中国乳制品的进口。2008 年 10 月，国家总理专门签署国务院令，公布了《乳品质量安全监督管理条例》。

印度诗人泰戈尔曾说过："只有经历过地狱般的磨难，才能炼出创造天堂的力量。"不管最后是否能够创造天堂，经历磨难却是必要条件。中国和她的人民就是这样在磨难与辉煌的交替中执着地、努力地前行着，日渐强大。

2008 年一定是一个重要的年份，不仅对中国是这样，对于美国也同样如此。

2008 年下半年，我奔赴美国，有机会在美丽的圣迭戈工作生活了几个月。在此期间有一段时间在纽约工作，还参加了好几场索尼美国总部的大型活动，当时索尼集团的 CEO 是美国人霍华德·斯金格（Howard Stringer），我和索尼美国公关部同事一起在纽约卡内基音乐厅迎接这位近两米高的 CEO 先生，他与时任纽约市长共同宣布开启慈善项目，然后享誉全球的音乐家马友友为全场上千名观众奉献了精彩绝伦的大提琴演奏。这段经历让我见识了一家亚洲企业在美国所建立的另一个庞大帝国。索尼的全球化相当彻底，甚至至今都难以想象，这样一家日本企业能够在 2005 年时由自己的董事会任命一个美国人作为其全球 CEO。

我刚一到美国不久，美国就发生了两件足以卷入全球各方的大事，一件大事是爆发了极其严重的金融危机，雷曼兄弟申请破产保护、美林"委身"美银、AIG（美国国际集团）告急、美国房贷两大巨头——房利美和房地美股价暴跌，持有"两房"债券的金融机构大面积亏损，一系列突如其来的变故使得世界各国都为危机而震惊。而另一件大事就是奥巴马最终战胜了麦凯恩，成为新一任的美国总统，在美国大选历史上首创了黑人战胜白人当上总统的奇迹。我当时晚上经常守着电视看大选消息和竞选演讲，甚至还在公寓附近美国当时最负盛名的 Barnes & Noble 书店买了一本奥巴马的书。

奥巴马的当选，在公关传播领域也有过大量讨论，例如中国国际公关协会前常务副会长、中央财经大学新传播研究中心名誉主任郑砚农先生称其开辟了"互联网总统"时代的先河，因其依靠网络新媒体开展公关助选而成功。此外，一位黑人总统的胜选还说明了当时的美国各界依旧广泛认同多元化和包容性。

对比而言，从2016年的美国大选、2017年新总统特朗普上任，以及陆续推出诸多令全球惊讶的新政，到2019年中美两国之间的交锋和斡旋，经历了一个12年的轮回，美国在多元化和包容性上明显收缩，甚至走向了完全相反的方向。只是互联网继续发挥强大的威力，彻底战胜了传统主流媒体。从公关传播的角度，特朗普的胜选，拿回国内来说，就是自媒体、IP（知识产权）、网红这些现象崛起的最大标志。而我当年买书的那家美国最大的连锁书店，也不得不向线上售书的方式转型。

再来看看我们所处的行业，2008年到2019年这12年到底发生了什么。

过去的这12年，变动最为剧烈的行业之一就是手机行业。2008年，全球手机销量前10名中，诺基亚手机能占据4个席位，但今天诺基亚已经全无踪影；中国手机产业则经历了爆发性的增长，2019年全球手机销量排行榜前几名里，除了苹果和三星，全部被华为、小米、OPPO、VIVO等中国手机品牌占据，并且，华为成为一个强有力的冲击全球销量冠军宝座的品牌，这是一个多么不同寻常的逆转！

标志性事件的发生都离不开大的背景。这个大背景就是中国经济的持续、稳定、快速发展。让我们看一下中国的GDP（国内生产总值）增长情况，2008年中国GDP总量是4.598万亿美元，美国GDP总量

约为 14.72 万亿美元，大约是中国的 3.2 倍；2018 年中国 GDP 总量是
13.6 万亿美元，美国的 GDP 总量达到 20.94 万亿美元，大约是中国
的 1.5 倍。中美之间经济实力的差距正在大大缩小。

在这 12 年里，我也亲历了科技互联网行业的巨变。

从 2008 年到 2012 年，我亲身参与了一场企业的自我革命、自我
转型之战。正如多年以前索尼特丽珑显像管电视傲视群雄，而后转瞬
间被液晶电视席卷了市场一样，很多类似的、当年独创的优势技术和
产品以及多年累积的资产，不幸都变成了最大的包袱。索尼不得不一
家一家地关闭全球数十家生产特丽珑显像管和组装电视机的高精密工
厂。公司重新全面梳理资源、想尽办法跟上新时代和未来消费市场的
发展趋势，再一点一点建立起全新的竞争优势和产品解决方案。凤凰
涅槃重生，任务极其艰巨。当然，雄厚的基础和资源仍在，关键是管
理层和团队的观念需要迅速转变，转型的策略不能有大的失误，且策
略制定后需要坚定地推进和执行落实到位。直到 2019 年，我们欣喜
地看到了索尼业绩的真正复苏，2018 财年（2018 年 4 月 1 日至 2019
年 3 月 31 日）以突破 6500 亿日元（420 亿人民币）的营业利润彻底
重生。这 12 年间，索尼的最高管理层也进行了更迭，从美国人霍华
德·斯金格（2005—2012）到平井一夫（2012—2019），而平井一夫
在完成了带领企业转型的重大历史使命之后，也于 2019 年正式卸任，
将接力棒交给了新的 CEO 吉田宪一郎。在变化越来越快的时代，往
往短短几年就会进入一个新的代际，在代际不断更迭的过程中，并非

所有人都能完全转变思想、及时制定出新的策略并付诸行动，所以企业人需要更迭，需要前赴后继，企业的愿景需要通过一拨又一拨人的努力，跨越一个又一个里程碑去实现。

2013 年初我有幸加盟京东。2006 年底，京东创始人刘强东先生拿到了今日资本徐新女士给到的第一笔投资 2000 万美元，经过十多年狂奔，在资本和前沿商业模式的合力助推下，京东实现了火箭般的快速增长。按照行业标准，2012 年全年，京东平台总交易额为 869 亿元人民币，2018 年发展到近 1.7 万亿元人民币，平台交易规模在短短6 年间增长了近 20 倍。在 2016 年京东成为中国互联网公司中收入最高的企业和中国最大的零售商，并一举闯入全球财富 500 强。三年后，京东在全球财富 500 强的名单中从首次进入时的第 366 名一路上升到2019 年的第 139 名，坐稳世界前三大互联网企业的交椅。

这是一个令人称奇的故事，今天它发生在中国。全世界也找不出几家公司可以有如此高速的发展。在美国、中国、日本、欧元区这些规模经济体中，中国最近几年不断创造出的互联网新经济奇迹已经获得全球的瞩目。

在我所熟悉的媒体公关行业，过去的这 12 年就是一个翻江倒海、不断逆袭的年代，大量的传统媒体经历了痛苦的转型，很多我们以前熟悉的媒体被关闭，不再存在。许多新的媒体应时而生。举例来说，"今日头条"这个全新的媒体，从 2012 年 3 月创建至今，短短几年的时间已经有了数亿的活跃用户，而就在几年前，还没有人知道它。这是一个不折不扣的技术公司，说它是一个智能的信息平台应该更加准确，它利用人工智能技术做个性化推荐，信息内容的创作、分发、讨论和审核。在今日头条平台没有人维护编辑信息，但是产品使用的时长却远超其他媒体同行。 今日头条创始人张一鸣曾表示："取得这样的成绩离不开人工智能技术在产品上的应用。今日头条有大量算法方面的工程师，有数万台处理器，每天用户请求数十亿次，请求量在人工智能应用当中已经是非常大的，有几万台机器昼夜不停地计算各种概率。"在互联网信息爆炸时代有非常非常多的内容产生，需要把不符合法律法规、不符合公众社会道德的内容去除掉，这样的工作也交给了机器人，机器人可以比人更快地阅读，找出其中的错误的部分，所以人工智能也用于审核。今日头条是一个中国原创但是全球领先的人工智能在信息领域的应用，张一鸣和他的团队正在努力把这项技术、这项产品推向全世界。同时，在今日头条的母公司字节跳动科技有限公司内又成功孵化了"抖音"，抖音是一款创意短视频社交软件，于2016年9月上线，起初是一个专注年轻人的音乐短视频社区平台，如今已经将用户群体扩展到了全年龄段，用户可以通过它选择歌曲，拍摄音乐短视频，形成自己的作品。抖音迅速成为非常流行的 App，活跃用户数迅速蹿升，甚至超过了今日头条。抖音的海外版 Tik Tok 的全球覆盖已超过 150 个国家和地区，成为全球增速最快的手机应用。全球化是字节跳动 2018 年的关键词，其创始人兼 CEO 张一鸣希望在3 年内，抖音全球用户占比达到 50%。这个案例再一次让我们看到了以互联网和人工智能科技为基础的革命性的全新商业范式的瞬间崛起。

根据腾讯研究院发布的《数字中国指数报告 2019》，2018 年数字中国指数平稳快速增长，数字经济发展继续保持较高增速，2018 年全国数字经济体量为 29.91 万亿元人民币，较上一年同期上升 12.02%。数字经济占国内生产总值的比重已经达到 33.22%，呈现出不断上升的趋势。

在进入互联网时代之前的二三十年，中国的经济基础还很薄弱，自主创新匮乏，我们在全球经济价值链中的地位更多地体现在下游制造能力的廉价输出。今天，从市值来看，全球前 20 家互联网公司被中美两国的互联网科技企业全面囊括，其中，中国的互联网公司已经占据了 9 席。新兴互联网产业在中国的崛起让我国首次在前沿产业上与国际最顶尖的企业同台竞技。

从上述事例中，我们看到在过去的 12 年中新商业模式的兴起，产业范式的变迁，世界经济格局的变化以及中国企业走向全球等大量风起云涌的变化。其实这里还没有提及深刻影响了整个中国经济和我们每一个人的房地产行业，如果一一看过去，我们就会发现每个行业其实在过往 12 年的周期里都经历了革命。同样，如果你回顾一下自己过去 12 年的工作和生活，你会发现我们每个人的工作和生活也都发生了巨大的变化，很多生活的习惯和方式都被改变，例如购物、点餐、支付、社交、阅读、分享，以及几乎所有生活中所需要产品和服务，通过轻轻一点就能获得和实现，新商业范式的崛起和渗透解放了我们很多时间，让我们的生活变得越来越方便，也让我们有更多的时间去追求精神和文化层面的事物。个人生活方式的变化与大环境的变化密切相关，每个个体也会深受时代变化的影响。我们怎么可以不积极地去拥抱变化、拥抱这个美妙的时代呢？

我从 2017 年开始负责京东的国际公关工作，这也是我再一次从 0 到 1 的职场经历。在京东总部，我经常会接待国际媒体，并跟来自海外的媒体记者们进行交流，他们来自北美、南美、欧洲、中东、非洲、日韩、东南亚……随着中国互联网电商新经济的闪耀，世界各个角落的朋友们都开始对我们感兴趣，来参观、学习、交流的宾客络绎不绝。曾经有一位美国记者在交流到最后的环节时问我："京东取得了这么了不起的成就，那么你们最大的挑战是什么呢？"虽然我事先并没有准备这个问题，但我当时脱口而出："我觉得最大的挑战应该是我们自己。"如果我们不能敏感地预测到时代的变化，如果我们不能居安思危，不断改变自己，让自己走在时代的前沿，我们就有可能被时代甩下。

回顾过往，是为了思考未来。

变化并不可怕，可怕的是自己一直安于现状，从而错失了所有的新机会。无论是企业的管理团队还是我们每一个个体，必须随时感知各种最新的变化，比如政经格局及全球市场风向的变化，技术创新和变革的动向，顾客心理和需求的微妙变化，从宏观到微观的方方面面，我们都要极为敏感。如果企业的核心团队没能及时和敏感地感知到这些变化，并快速制定出新的策略、开展新的行动，就随时可能会被新力量撕开一个口子，甚至无力回天。想一想那些忽然消失了的曾经的巨无霸，有无数经验教训足以让我们吸取。如果我们自己对于世界上发生的变化没有感知或者不够敏感，时代发展的列车就有可能从我们的身边呼啸而过，将我们远远地甩在后面。

发展是解决一切问题的总钥匙。中国已经从过去的发展中得到了启迪，下定决心要抓住这个核心。今天，我们发展的关键词包括繁荣、开放、创新、绿色、包容、普惠、共赢等。处在这样一个新时代的起点，对于我们这一代人以及未来的一代，都是最好的机遇。在这样一个发展、变革、创新、融合交互发生的时代，我们唯一的选择就是保持积极的学习状态，抓住变化中的机遇，为自己的人生创造更多的价值。

附录

附录一

决定从索尼离职时给公关团队写的内部邮件

各位亲爱的同事：

考虑到个人将来能够有机会在更广阔的领域学习成长，以及未来职业发展的更多可能性，我已于上周向索尼中国管理层正式提出辞职，申请辞去我在索尼（中国）有限公司的所有职务，包括在传媒公关及 CI 管理本部、北京索明科普乐园有限公司以及索尼中国北京工会委员会所担任的各项职务。

目前，我的辞职申请已经获得了管理层的批准。管理层已经在积极地商讨接任计划，我也正在努力与管理层及人力资源部配合，尽力促成一个最优的接任计划的形成和落实，以便让大家今后能够有一个更加良好的工作环境和氛围。我在索尼将工作到本月底。关于我目前各项工作的继任人选，一旦管理层做出决定，我将尽快告知大家。

多年以来，通过我们大家的不懈努力，原来三四个人的 PR（公共关系）部门，今天已发展成为一个整个索尼在华业务所倚重和信赖的 PR 平台。业务囊括了企业公关、产品公关、员工沟通、媒体关系管理以及对在华工厂的公关管理，在高层公关咨询、业务部门公关服务、企业文化创建以及危机管理等方面，我们通过坚守公关理念、创造公关价值，为公司在中国的声誉维护、品牌树立、产品沟通与营销等方面均做出了重要贡献。我坚信，今天的 PR 部门不仅已经有了坚实的立足基础，而且已经成为管理层特别倚重、业务部门不可或缺的重要职能部门。我为大家的努力拼搏，以及展现出的出色能力和取得的良好成绩而感到骄傲！

自从 2009 年负责传媒公关及 CI 管理本部后，我从 CI 管理、网站管理以及索尼探梦科技馆的全面管理和运营工作中，也学到了很多新知识、新方法、新技能。如今这些工作也都受到了公司管理层的认可或表彰。我们的 CI 管理和网站管理建立起了体系，也成功完成了一些重大项目（如内网整合）。索尼探梦科技馆在过去的几年中，参观者人数大幅度增长，公关工作创造的广告价值翻了几番，还成功地将其影响力扩展到了全国，令索尼探梦在中国科技馆行业声名鹊起，也获得了政府部门的高度认可。在此我想感谢大家的努力与合作！同时，我为大家所取得的出色成绩感到由衷的骄傲。

索尼对于我来说，就像一本厚厚的卷宗，一直以来我认真阅读并从中汲取了大量知识。现在，虽然我即将合上这本书，但是，我希望你们大家能够珍惜索尼这个平台，珍惜在这里学习和工作的机会，在为公司做贡献的同时，不断地充实自己。

我从进入索尼至今已有18年之久，职业成长过程如同攀登一座山峰。起初在山脚下仰望山上美景，背上行囊开始努力攀登；途中遇到沟沟坎坎，有时甚至需要披荆斩棘，每接近一处美景，就会遇到看似无法翻越的障碍，百转千回，坚持不懈，终于克服困难登上山顶，得以从容瞭望。

环顾四周，山中美景一览无余。同时也发现了周围风景各异的山。此时此刻，对我来说有两种选择。选择一：在山顶喝茶休憩，欣赏美景；再修修山道，种种花草，将这座山变得更美丽。选择二：重新收拾行囊去探索旁边新的山峰、挑战新的沟壑丛林，也发现新的登山乐趣。我选择了后者，因为我觉得，生活要有勇气；人生还有更丰富的可能性，也应该更加积极。因为留恋一时一刻的美景而放弃对全新事物的探索，也许会后悔终生。尽管无从知晓未来或结果将会如何——也许爬至半山腰就不小心摔下来，也许会想念现在的山顶美景，但是，对我来说，更重要的是，我有勇气选择我想做的事，这将对我的人生产生积极的意义，结果并不是最重要的。

在这辞旧迎新的日子，我只想说：感谢大家在过去给予我的支持和合作；感谢大家跟我一起攀登这座山峰，并让她变得更加美丽。你们将是我最大的骄傲和最深的惦念！我祝福大家：在职业道路上不断充实自我，不断成长，成就自己的辉煌；在个人和家庭生活中，拥有健康的身体和最美满幸福的生活！

你们的队友和伙伴

李　曦

2012 年 12 月 11 日

我在索尼工作的最后一天，给团队写的内部告别邮件

亲爱的（同事）们：

我真想拥抱你们！为我们曾经的并肩战斗，为我们共同拥有的欢笑和建立的美好友谊。

今天是我在索尼工作的最后一个工作日，也是我近 19 年工作中平凡的一天。对自己进行了一下评价，结论是："在这段时间中，我没有混日子。"

可以交代了。

在此，我借用陈坤的一句话来描述这段日子的实质："在这里，于行走之间，我看见自己内心的成长，遇到自己生命的真相。"所以，能跟大家相遇、共事，我很感恩。

我能想到的最好的理想，是让生命的本义不被世俗的事物绑架，让生命在阳光下成长。

但尊重生命的本义，并非想象的那么简单。遇到超越常规的险恶，付出更多的艰辛，都是不可避免的。但我想，只有坚守自身生命的本义，内心才是最快乐的。难道不是吗？所以让那些困难、险恶、艰辛都来吧，没有抱怨也不必在乎。

我本是一个柔弱的人。我妈说，我两三岁的时候，在院子门口吹吹风，都经常感冒发烧。幼儿园、小学时，除了体弱多病以外，还不断被肝炎、蛔虫、腮腺炎等各种奇怪的疾病侵扰。中学开始每天跑步，到现在还记得有时在大风中被呛得干咳、吹得流泪的样子和那种"快死了"的感觉。大学时肠胃总是不好，所以因体重不到90斤而无须献血。工作后，在别人眼中看似顺利的我，曾因为面对公众讲课、翻译或演讲时被紧张情绪突袭，导致血糖低而现场"晕"过去的情况，有过3次。

困难好多啊！有的别人看得到，更多的只有自己知道。我想每个人都一样吧。我能有的唯一信念就是，"做正确的事就是最好的防御"。每克服一个困难，就鼓励自己再去小小地突破一下自己。一点点积累，直到聚集在身体里的"正能量"越来越多。在那些困难的时刻，你们和我的家人给予了我宽容和无私的帮助，不说"滴水之恩，当涌泉相报"这样的大话，但请相信你们的好我都会铭记在心。我也时常提醒自己：别把别人的宽容当借口，重要的是自己要去克服和突破。

今天，我可以每次不停歇地跑5000米，但我永远无法跟有能力跑马拉松的人相比。不知道未来的命运将如何，很可能会碰到不可逾越的障碍。内心的欢喜来自前面的路有很多"未知数"，因而激发自己去学习和探索新的事物。其他的，命运自有安排。

最近我接连收到同事、朋友、老板们的邮件、短信，还进行了很多交流，各位给我的关心，我真是感激不尽！

有人写"祝你取得更大的成功"，这是我"最怕"的一种祝福。因为我想每个人对成功的定义不同，所以我真的无法满足这些好意的期待。我对"成功"的解释要回到我能想到的最好的理想，就是"让生命的本义不被世俗的事物绑架，让生命在阳光下成长"。讲的是享受生命本义的过程，无关结局。但能做到这样也实在很难。

我从一个孱弱的人，到一个能够自立的人，知道自己的内心如何经过穷山恶水，又如何柳暗花明。今天，能偶尔散播一些正能量给他人，我感到特别满足了。

我送给你们每个人最美好的祝愿！让我们一直相互惦念，相互祝福！能与你们一起共事，是我的福气；不能跟你们继续一起共事，但仍然能成为你们的朋友，更是我的幸运！

感谢你们，感谢生活给我的一切。

祝愿大家有一个开心的 2013 年！

李曦敬上

烦请朋友们记一下我的联系方法，让我们在人生旅途中偶尔也能互相挥手致意。

（抱歉有点酸，就这一次，忍着点儿吧。）

附录三
京东将作为纽带引领更多优秀品牌走向全球

　　背景：由《经济观察报》主办的"2014—2015年度中国最受尊敬企业评选"颁奖典礼于2015年7月29日在北京举行。京东集团连续第三年荣获"中国最受尊敬企业"称号，京东集团CEO刘强东同时获评"中国最受尊敬企业风云人物奖"。京东集团副总裁李曦出席并演讲。

大家好！

　　最近财富中国500强排名出炉了，京东稳居互联网的头名，上周五京东列入美国纳斯达克100指数，100平均加权指数的成分股。目前中国只有两家企业进入纳斯达克100指数，这个指数中都是非常具有成长性的高科技企业，比如苹果、微软，京东选入纳斯达克100指数是因为我们一直以来保持了超高速的增长，2014 年全年总交易额和上一年度相比增长 107%。这样的增速远超同行，根据艾瑞咨询统计，2014 年，中国网络购物同比增长 48.7%，而京东超过了行业增速的两倍以上。由于京东的高成长性，以及稳健的增长，受到了纳斯达克高度关注。

京东在国内外不断地得到认可，是京东 12 年来坚守商业正能量的结果，我们关注消费者的体验，注重正品，注重消费品质，在消费者心目中积累了强大的品牌影响力。今年是连续第三年荣获《经济观察报》评出的最受尊敬企业，我们觉得非常荣幸，并且觉得责任特别重大，我想，一家企业之所以会被认可、被尊重，肯定不是因为更加富有，而是因为具有一些精神，这种精神是哪怕企业在规模最小的时候也坚持的正直和诚信。

京东最早是中关村三尺柜台，坚持正品行货，做正规的生意，这样良好的口碑在交易困境的时候赢得了网上论坛版主和很多网友的支持，从而能够在非典之后成功转型电子商务。

这种精神还使我们不论在成长过程中遇到多么大的困难和挫折，永远不放弃拼搏和进取。

京东在过去做出了两大非常重要的战略选择，一个是自建物流，另一个是扩张品类。这两个重要的战略抉择和发展阶段的过程之中，可以说京东经历了大量的困难以及很多的质疑，我们一段时间是在深水区里面艰难前行，京东人在困难面前并没有退缩，紧紧围绕着提升用户体验，京东自己建立了大量物流基础设施，到今天我们已经拥有了整个中国电商最大规模的自建物流体系，也正是由于京东这样的坚持，最终给我们大量的用户带来了更加良好的用户体验。截止到上一季度，年度的活跃用户数量已经超越了1亿。

这种精神应该还使我们不仅凭借智慧和努力获得商业上的成功，而且还勇于承担社会责任。

截止到上个季度末，京东拥有超过7万名员工，这些员工很多来自普普通通的农民和工人家庭，这个数字还在增长，公司为大量的基层员工提供培训，提供充足的福利保障，让他们有尊严地生活，这也是体现了京东一直以来为我们社会的稳定和繁荣承担的社会责任。

刘强东先生是京东的创始人，2015年初的时候提出京东未来立志成为一家国民企业，意味着我们将承担更多的社会责任。我想一个人、一家企业之所以受到尊敬，不是因为这个人，或者这个企业生而伟大，而是因为他们勇于以平凡之身做伟大的事业，不管成败，因为我们今天看到特别多的创业者，特别多的创业型企业在拼搏，在进取，不管最终如何，我觉得他们的内心和精神都是值得尊敬的。

今天中国的企业越来越多地融入全球的经济中，但是在整个价值链里面我们的地位和影响力还是跟我们在世界第二大经济体这样的身份是不相符的，截至目前，中国参与到世界经济中更多的还是体现在下游制造力的输出，未来我们希望在这个方面能够跟大家一起努力改变这样的现状。

2014 年 5 月，京东在美国纳斯达克正式上市，同时跻身全球十大互联网企业之一，目前中国在全球十大互联网中已经占据了四席，也就是说我们的互联网企业和以往的制造企业发生了很大的变化，我们的互联网企业已经可以同全球最优秀的互联网企业同台竞技。这样的时刻，尤其京东这样的企业是一个渠道、一个平台，我们希望京东将来可以成为特别关键的纽带或者桥梁，能够将品质和信任作为我们商业信誉的标志，带领大量中国优秀品牌共同走向全球市场。

我们比任何人都更愿意看到在京东的平台上有越来越多的中国品牌以品质和信任树立商誉，赢得消费群体的认可，尤其是在全球市场树立起中国品牌和中国商誉，这是需要我们一起努力的。

面向全球市场的开拓，我们依然要坚持一直以来的企业精神，哪怕我们现在还是非常微弱，我们也要坚守正直诚信；哪怕我们现在面临无数的困难，也肯定是继续拼搏、绝不放弃。而且，在我们商业取得成功的同时，我们要勇于承担更多的社会责任，我们觉得只有这样，未来我们中国输出的才不仅仅是商品，还会有中华民族优秀的价值观，还会有我们中国优秀的文化和正能量。也有人说一个不能输出文化和价值观的国家不能成为真正的强国，我相信，只要我们坚定这一信念，树立中国商业"品质和信任"的商誉，不懈地为这个目标拼搏和努力，终有一天京东将和大量的品牌一起获得世界的尊敬。

我们今年也在推动跨境电商，不仅是把源自全球优秀的商品引入到中国来，让我们的国民能够很方便地购买到优质特色的全球商品，同时我们更大的一个梦想是参与到整个全球的经济贸易对话之中，并且协同所有的中国优秀品牌一起走向全球市场。

我们将秉持"全球最值得信赖的企业"这样一个愿景，继续坚持客户为先的价值观，坚持我们诚信经营的理念，坚持销售正品行货，坚持对假货持零容忍的态度，与越来越多秉持同样价值观的中国品牌一起走向全球，成为受人尊敬和信赖的全球化企业，我的分享就到这里，谢谢大家。

附录四

从0到1：中国企业的国际化课题

我曾经在索尼公司工作了 18 年，最后 4 年的时间是担任索尼中国副总裁。

之后我在京东集团做了 6 年的副总裁，先是帮助公司建立了一个完整的公共关系体系，之后又从 0 到 1 帮助公司开拓和建立了国际公关的网络和运营体系，并发起和开展了一系列重大的国际项目。索尼是全亚洲国际化最成功的企业，京东是迅速崛起的中国民营企业的代表，刚刚开始探索国际化不久。我就基于索尼和京东的做法，就中国企业的国际化课题分享一些我的观点。

我亲身经历和深度参与了索尼这家知名跨国公司在中国发展的近20 年的历程，这 20 年也是外企在中国发展最辉煌的阶段。索尼公司可以说是亚洲最成功的跨国企业，在过去创造了神话般的辉煌历史。

公司创立于 1946 年，名称为东京通信工业株式会社。1955 年，井深大和盛田昭夫两位创始人做出了一个伟大的决定，为了让公司走向世界，将公司名和品牌名改为由 S、O、N、Y 四个容易发音、世界通用的字母组成的前所未有的新词"SONY"，它源自拉丁文"一个活泼调皮的小孩"，取这个名字的时候并没有局限在电子或哪个特定的行业，与创业者的名字也无关。这个名字当时在日本被视为异类，但它充分显示了井深大和盛田昭夫两位创始人的远见和魄力。其实后来也有一些中国企业从中获得启发，将公司名和品牌名直接确定为简单易读易传播的几个独创的英文字母。

20 世纪 60 年代，在公司刚刚成立十几年的时候，盛田昭夫就携全家赴美国定居。很快，索尼就成为日本第一家在美国上市的公司，并且，在后续的几十年里，它的消费电子产品风靡美国市场，连续多年被评为美国最佳知名品牌。

20 世纪 80 年代，索尼并购了美国哥伦比亚三星电影公司，当时创下了日本最大的一宗海外并购案。经过多年的苦心经营，今天索尼影视娱乐和索尼音乐娱乐公司都分别成为世界最大的影视和音乐公司之一。

20 世纪 90 年代，在日、美、欧等世界范围内的品牌调查中，索尼品牌所获得的好评度居于世界第一，知名度位居第二位（仅次于可口可乐）。

1998 年，索尼的创始人之一盛田昭夫先生作为唯一的亚洲人，被美国《时代》杂志评为 20 世纪 20 位全球最具影响力的商业人士之一。他是终生致力于将索尼的技术和管理哲学全球化的人，曾提出"Global Localization"的管理理念，对提升日本电子工业的国际地位做出了巨大的贡献。他也是为数不多的在世界上发挥主导作用的几个日本人之一。

1999 年，出井伸之先生接任索尼公司首席执行官，这位在年轻时代曾经创立了索尼法国分公司的 CEO 导入了美国式的董事会治理架构。2005 年，索尼董事会宣布了一项令外界震撼的决定，任命了一名美国人担任索尼集团 CEO，霍华德·斯金格成为索尼历史上第一位外籍领导人，这个举动在亚洲公司里面是绝无仅有的，这也是索尼这家亚洲的代表性企业立志彻底走向全球化的一个标志性事件。

我在索尼的时候，它全球的营收中，大约 30% 来自美国市场，20% 多来自欧洲市场，20% 多来自日本，其余来自中国等其他市场。并且，索尼那时候已经成功地将业务扩展到了全球 160 多个国家，成为一家真正的跨国企业。

我们再来看看京东。

我在京东 6 年多的时间，亲身经历和深度参与了京东这家知名中国本土创业企业在中国和世界零售业异军突起、成功赴美上市以及走向国际市场的最初尝试。

京东集团是一家年轻的中国本土创业企业，至今只有 15 年的历史。

2014 年 5 月，京东做电商的第 10 年，作为中国第一个赴美上市的综合性电商平台，在美国纳斯达克成功上市。这是京东最初在国际市场上崭露头角。

2015 年，京东正式开始做跨境业务，我们公关团队和业务团队一起去了近十个国家进行品牌招商、业务开拓，当年就在京东跨境电商平台上开了近十个国家馆。

2016 年，按收入计算，京东成为中国第一大零售商、世界第三大互联网公司，仅次于谷歌和亚马逊。

2016 年到 2018 年，京东陆续与全球零售行业和互联网行业中最受瞩目的两家企业——沃尔玛和谷歌分别达成了战略合作，沃尔玛、谷歌都成为京东集团的股东。同时，京东开始尝试进军东南亚市场。

2018 年，京东第三次入榜《财富》全球 500 强，3 年以来排名持续上升，从 2016 年最初进入时的第 366 名，到 2017 年的 261 名，再到 2018 年跃升至第 181 名，每年都以超高的速度大幅跃升，并且一直位列中国所有互联网公司的首位。

2018 年，在德勤全球零售商 250 强排行榜中，京东排名第 20 名，在 14 家进入榜单的中国零售企业中排名第一。所以说，京东是一家非常有代表性的、快速崛起于世界零售和互联网行业的中国民营企业的翘楚。

2012 年的时候，我当时确信中国企业的国际化不仅是必然的趋势，而且即将进入规模化的阶段。这个看法在后面的六七年中得到了证实。

第一，大批中国创业型企业在以令人震惊的速度成长。以中国的电商行业为例，按照中国国家统计局的数据，在中国市场，实物电商在整体社会零售中的渗透率从 2012 年的 6.2% 快速上升到了 2018 年的 18.4%。那么看一下京东的增长，2012 年到 2018 年，年销售额从 2012 年的 414 亿元人民币，增长到 2018 年的 4620 亿元人民币，增长了 10 倍多，复合年均增长率（CAGR）达到了 50%。同时，全球零售业巨头的沃尔玛、财富 500 强的第一名，也是美国最具代表性的公司，它的年销售额的增长率基本上是在 2%~3% 左右徘徊。

这个例子说明了中国互联网龙头企业，正在以西方传统大企业 10 倍以上的速度增长。

国际金融中心曾预测，中国 GDP 将在 2028 年首次超越美国，成为世界第一大经济体；汇丰银行和英国智库也都曾经预测，2030 年中国 GDP 将登上世界第一的宝座。因此，我们可以清晰地看到，未来的 10 年、20 年，中国不仅将成为世界经济中最为重要的组成部分，而且整个世界经济格局因为中国的崛起而发生转折和变化，越来越多的中国企业发展成为全球化的企业是必然的。

第二，互联网时代，中国企业与国际企业站在了同一起跑线上。在进入互联网时代之前的 30 年，我们叫作"模拟时代"。那时候由于中国的经济基础薄弱，自主创新匮乏，我们在全球经济价值链中的地位更多地体现在下游制造能力的廉价输出。在那个时代，能够进入国际市场并能够打拼出一席之地的中国品牌凤毛麟角。我们与发达经济体之间至少是几十年的差距，很难在短时间内赶上。

进入互联网时代以后，这种情况正在发生巨变。一方面，互联网消除了信息鸿沟，今天中国的创业企业和世界各国的创业企业在信息和资源的获取上几乎可以同步。另一方面，正由于中国的传统产业基础非常薄弱，互联网的创新应用和创新的商业模式就更加有机会在很短的时间内成长起来，而新事物的快速成长又反过来促进了更多的创新，形成发展的正循环。因此，中国的互联网企业快速地成长了起来。

今天，世界前二十大互联网公司几乎全部是美国和中国的互联网企业，其中中国互联网公司在里面占据了 9 席，接近一半。与制造业时代不同，中国互联网企业不仅已经可以和国际上最优秀的互联网企业同台竞技，并且，在互联网应用创新的活跃度方面已经超越了很多西方国家。

互联网将世界变成平的，信息的流通、商品的买卖和交易、风起云涌的互联网应用、基于云的 IT 解决方案服务等，通过互联网可以比以往更加快速和有效地触达到全球各地的市场和消费者；中国互联网的快速发展同时也正在带动我们传统制造业的转型升级，会将其变为全世界最为强大的制造业基地。我相信，从过往 10 年的初步尝试，到接下来的 10 年、20 年、30 年的规模化全球化发展，越来越多的中国企业会走向国际市场，在国际市场上会涌现出越来越多的中国优秀品牌，它们将快速成长，并为全球消费者带来新的价值。这是非常激动人心的发展前景。

然而，国际化仍然是一件非常艰难的事情。很多人会以为成功就像是一条直线。但是，走向成功的过程从来都不是一帆风顺的，总会遇到各种各样的困难和挑战。这个过程实际上是非常曲折的。在刚刚开始走出去的时候，你可能会看到一些很不错的事情，让你信心大增，并开始快马加鞭地往前冲；但是冲着冲着就不对了，发现局面变得越来越复杂，甚至会变成一团乱麻。这时候你需要披荆斩棘，冲出重围，才能再见阳光。

"Every Time We Create Something New, We Go from Zero to One."（每次我们创造新事物，都是从 0 到 1 的过程。）这是《从 0 到 1》（*From Zero to One*）这本书的作者彼得·蒂尔的金句之一。彼得认为，所谓开创或创新不是从 1 到 N，而是从 0 到 1。这和我们去做开创性的工作如出一辙。中国企业国际化正是一个从 0 到 1 的过程。

"One size does not fit all"（不是所有情况都适用同一模式），在中国市场取得成功，不等于在国际市场也可以取得成功。

当企业开始国际化的时候，常常会设置负责国内市场的部门和负责国际市场的部门。好像这是两个平行、对等的部门，而事实并非如此。当我们真正开始放眼世界的时候，我们就会发现，国内市场是一个市场，但是国际市场不是一个市场，而是很多很多市场。你也许会说，国内我们也分很多不同的区域，东北和江浙也会有很多不同啊！在国内毕竟我们都讲中文，我们在同一个政治体制和政策环境下，有统一的法律法规体系。但是，在国际市场，国家和国家可以在所有的方面互不相同。例如，这些不同往往体现在下面这些地方：从外部来看，各国的社会环境非常不同，包括政治体制、宗教文化、政策法规；当然还有每一个国家的语言不同、社会价值观、竞争环境也都不同。从公司内部来看，当我们管理国际市场的时候，我们会发现我们需要非常认真地思考下面这些问题：企业价值观如何传承、企业文化如何渗透、商业模式和竞争优势是否还和国内一样有效等等。我们都希望企业价值观是全球统一的，但是我们会发现要做到建立全球统一的企业价值观是一件非常具有挑战的事情。当我们在中国市场依靠某一种独特的商业模式获得成功时，不意味着我们在其他国家的市场，用同样的商业模式和竞争优势依然可以获得成功。我们必须得一个一个地研究分析本地市场和竞争环境，做出因地制宜的商业上的判断和竞争发展策略，在每一个当地市场找到我们独有的定位和差异化的竞争优势。

我们不妨看一些例子。

对于一个国家的社会环境，本地人和外国人的理解和认知往往是截然不同的。比如说，在您的眼中，以色列是安全还是危险的国度？

我在 2017 年去了以色列的耶路撒冷和特拉维夫，我们在耶路撒冷与犹太家庭进行交流，去了著名的哭墙，也参观了大屠杀纪念馆等，对巴以冲突也有了略微深入的了解。到了特拉维夫，我们则与 20 多个以色列创业公司进行了交流，它们展现出了非常多的创新想法，它们的思考站在了全世界和互联网产业的最前沿。很多人知道，以色列是美国股票交易所中，美国以外上市公司最多的国家。

当晚，我们和这些创业者一起共进晚餐，随着话题的深入，我们不禁会问他们："我们常常会看到巴以冲突的报道，也常常会看到武装势力枪杀平民的报道，生活在这里你们会不会觉得很危险？"他们大笑着跟我说："特拉维夫是全世界最安全的地方！你们看到的报道都是因为媒体只关注偶尔发生在边境地带的突发事件，我们从来也没有危险的感觉。"

所以，本地人和外国人对于以色列的认知大相径庭。

我们再来看看社会价值观，只举一个工作时长的例子。

在中国，我们早就习惯于随时通过微信联络沟通工作的事情，还有很多创业型企业实施996，甚至007的工作模式。但是在欧洲，周末和节假日通常没有人会回复你工作上的事情。到了7月和8月的暑期，大部分欧洲人都要去度好几个星期甚至一两个月的假，几乎没人有心思工作。

有一次我在法国招聘本地的公关人员，我因为要管全球，所以工作非常忙。然而我还是见缝插针，加班加点，以最快的速度在一周内面试了4个法国当地候选人，然后立刻就把面试评价发给了我们当时的法国办公室负责人，希望他能够在下周完成对所有候选人的面试并给出自己的意见。这样做原本是因为当时法国方面非常着急，9月有重要的展览，他们希望尽快有新的公关人员加入并投入到准备工作中。可是第二天，我收到了法国办公室负责人的回复邮件，邮件是这样写的："Dear Gloria, I will respond one month later.（亲爱的葛洛丽亚，我一个月以后再回复你。）"我当时以为我看错了，可是他确实告诉我他要一个月以后再回复我。我当时感觉要疯了。

这个小例子说明了欧洲人与中国人对待工作的不同态度，我们在与欧洲同事沟通的过程中就要特别注意这方面差异。

大家都熟悉京东的吉祥物 Joy 小狗，可是在印尼我们却没有使用这个小狗吉祥物。印尼主要的宗教信仰包括伊斯兰教、基督新教和天主教。其中绝大多数人信奉伊斯兰教。伊斯兰教圣训《古兰经》认为天使不会进入有狗或挂着狗画像的房屋。家中的狗或有狗的画像，都是不吉祥的东西，使清雅的房屋沾染了污秽，圣洁的天使拒绝进入。在伊斯兰教中，马则是一种非常有益的动物，受到特别的尊重。马，作为用于守护家园的动物之一，被视为福泽深厚的动物。因此，出于对文化差异的理解和宗教信仰的尊重，京东决定将其在印尼的吉祥物改成小马的形象。

后来我准备在泰国首次举办一系列媒体活动的时候，还特地亲自查阅了在泰国到底能不能用小狗的吉祥物标识。

东南亚有很多国家，并且各国都有自己当地的语言、宗教信仰、价值取向，市场环境相当复杂。因此，并不是说"东南亚市场"就是一个市场，当我们看国际市场的时候，仅仅一个东南亚，就已经是很多市场了。

所以在进行国际公关业务的拓展时，为了在每一个市场找准我们的形象定位，为了招聘到适合我们企业理念的公关人员，为了将每一个国际公关项目完美执行、落实到位并达到最佳效果，真是要考虑特别多的事情。

除了刚才说的这些以外，今天正在尝试走出去的中国公司，在国际上还遇到了更多的挑战。例如，中美贸易纠纷带来的关税影响；中资在海外科技领域的投资频频受限。中资科技企业的投资并购如果涉及较为敏感的技术转让，很有可能会被制止；不仅投资并购，来自中国的一些科技产品也被禁售，尤其这些产品被认定具备数据收集和传输能力时。此外，中国网络社交、网络视频公司，也分别在不同的国家受到了一些限制或被禁用，原因是多种多样的，有的是因为担心会影响选举活动，有的则是文化冲突导致。

尽管有着这样那样的挑战和困难，中国企业走向国际化的趋势是不会改变的。那么中国企业国际化需要重点思考哪些课题呢？

企业家首先要考虑的是企业发展的愿景，即是不是要走向世界。不要为了国际化而国际化，国际化是一种达成商业目标的手段。如果确定了走向世界的企业发展愿景，就需要思考企业的长远定位以及全球化策略。这里需要每个企业针对自己的情况进行大量的分析和策略规划。

除了愿景和规划，当企业决定开展国际化运营之后，还有一些必备的公司职能。当公司变大，尤其不仅要顾及国内市场竞争，还要进行国际市场拓展的时候，就必须要有一个更加体系化的管理能力，需要有具备国际视野和运营能力的专业团队来为公司的海外业务拓展保驾护航。这些国际化专业团队包括公司战略、投资并购、政府关系、公共关系、投资者关系、法务／知识产权／合规、国际人事（劳动关系／招聘／薪酬／培训）等。并且，这些职能之间需要进行有机的沟通和密切的协同。

我举几个例子，希望对大家有所启发。

第一个例子是关于索尼全球品牌规范化管理的。

大家都认同，品牌是一家 2C（面对消费者）企业最宝贵的资产，所以索尼的品牌对于索尼这家公司来说，毋庸置疑是极为宝贵和有价值的。我在索尼中国担任副总裁期间，有一个职责是负责 SONY 品牌标识在中国市场的规范化管理。它的做法可以供我们中国企业参考。

首先索尼总部会有专门的部门制定企业标识管理的原则和使用规范手册，至少需要有日语和英语两种版本。顺便说一下，对于我们中国企业，或者任何一个亚洲企业来说，国际化都会更难，因为我们有一个天然的语言障碍，从最开始就处处都是语言问题。我曾经访问过美国最大的消费品公司 P&G（宝洁），和它的全球公关负责人进行了深入的沟通。我想说美国公司国际化的第一步会比非英语母语的公司更容易一些，它在总部的所有管理规范都是英文的，直接就可以供世界各地的分公司参考而无须翻译，因为英语是全世界通用的语言，而中国和日本就不一样，2018 年我的团队在准备公司开天辟地第一次去参加美国 2019 年 1 月的国际消费类电子产品展览会时，大量的资料，包括展场中的每一件展品的名称、说明，以及所有的宣传品全部都要做成英文版本，就这一点，我们就比美国公司要多花费大量的人力和物力。

回到品牌规范化管理，品牌手册摞起来有半米多高。作为总部，就需要制定、编辑和更新这个手册，而在全球各个市场中则需要去落实品牌规范的管理。像中国这样大的市场，我们当时有一个专职人员负责这块工作。这位同事首先需要被培训，要通读和理解所有的品牌规范，然后把它做成中文培训资料，在中国对业务人员、广告营销人员、合资工厂的有关负责人等进行培训；她还要定期抽查在中国工厂生产的产品包装、各经销商店铺、大量营销活动、各分支机构及关联公司的办公楼或其他设施，甚至名片的印制等多种使用场景，发现错误并及时进行纠正。

往往公司在某个海外市场刚刚开始拓展业务的时候不会有很全面的管理，那么由于历史的原因就会存在不少不规范使用品牌标识的情况。开始规范化管理品牌标识之后，逐步建成系统审批流程，各个机构和部门在使用品牌标识之前都需要经过这层审批。

从这件事我们得到一个启示，对于一个企业最为重要的品牌资产，总部从一开始就应该建立能够适用于全球的系统化审批和管理架构。今天的互联网时代，可以用非常便捷的方法建立这样的管理系统，也可以让这样的审核非常高效，所以关键是有没有这个意识，有这个意识，及早建立了恰当的机制，就不至于在好多年之后，等到不规范使用品牌标识已经到处都是了，才开始重视这个问题。到那时需要花很长时间去纠正市场上的大量错误，错误地使用标识不仅会导致品牌形象不统一，稀释品牌的影响力，还会导致事后管理成本的升高。

第二个想举的例子是危机管理。

之前提到，国际化的时候，首先像公司战略、投资并购、政府关系、公共关系、投资者关系、法务 / 知识产权 / 合规、国际人事（劳动关系 / 招聘 / 薪酬 / 培训）等这些职能部门都应该相互紧密配合，此外，这些职能部门还需要建立 24 小时工作的机制，可以及时处理突发事件。危机可以包括但不限于各种天灾人祸，如：地震，洪水，运营设施出现火灾、爆炸，由于政策原因导致的重大禁售事件，人身安全问题，等等。

一个企业生存发展非常不易，在企业发展和运行过程中，会有很多环节蕴藏着潜在的风险。比如我所在的两家公司，索尼和京东，都是拥有重资产的公司，对于公司资产和设施的安全管理从来都是公司管理层和运营负责人非常重视的问题。即便如此，在我任职期间，仍然都遇到过工厂爆炸或者仓库着火的事件。索尼的运营分布在全球 100 多个国家，这样的事件说不好哪天会发生在哪儿。那么对于类似这样的潜在风险，我们必须提前做预案，还必须有一个危机应对机制来迅速处理，比如发生火灾，需要相关运营负责人第一时间将发生的事实详尽地汇报给公司的危机管理小组，通常情况下，业务、法务、人事、公关、合规、政府事务、投资者关系的负责人都应该在第一时间发表各自的专业意见，这时候24小时联络机制就发挥作用了。24小时工作机制并不是说要求一个人工作24小时，而是合理地安排中国、美国、欧洲等各地的相关同事，做好工作的分工，24小时都有专业人员能够及时处理紧急和重大事件。

我在索尼做公关的时候，十几年期间我都会随身携带一个巴掌大的紧急电话联络簿，这个电话簿上面有集团CEO、各地区和各主要分支机构的老总及公关负责人的办公室电话、手机电话、家庭电话等紧急联络方式，无论在世界的哪个角落，一旦发生非常紧急和重大的事情，当地的公关负责人或业务负责人可以依照这个电话簿第一时间知会公司的最高层或危机管理小组人员，之后可以根据做好的预案立即展开行动。

24小时工作机制重要，做预案同样重要。预案的制定能够让企业运行的风险和危机分出等级，并且根据等级指定具体的负责人。如果没有这样的管理和分工，总部危机管理小组就会陷于疲于奔命的状态，并且效率会大打折扣。

作为知名的上市公司，重大的危机都会受到投资者、客户、消费者乃至各地政府部门的高度关注，需要提前建立体系和制订预案，一旦发生需要立刻进行快速对应、专业处理，帮助企业尽快度过危机。

第三个例子就是投资并购。

很多企业走向国际市场时会选择通过投资并购快速进入某个领域或市场。这方面的工作也需要建立24小时工作机制。非常实际的情况是，很多国际合作伙伴都在不同的时差下工作，因此总部有关项目的负责人晚上开电话会议到半夜是家常便饭。我前段时间经手的一个投资并购案，合作方参与到并购案的人分别在伦敦、旧金山、中国，大家开电话会议选择开会时间本身就是一件很重要的事情。

各个国家与中国都有很大的差异，无论是与各国的合作伙伴还是与咨询顾问进行沟通，所要花费的时间都是国内沟通的好几倍。例如在投资并购如何宣布这件事情上，双方的公关人员首先要以大局为重，在标题和对外传递的主旨信息上达成一致；行文方面首先应该服从相关的法律要求和有关证监会的规定，然后需要想方设法对外传递对双方都积极正面的信息，并力图达到共赢。即便如此，双方常常会为了几个词反复争论，过程中会涉及双方的公关人员、核心交易人员、法务人员，有时大家反复讨论甚至争执都解决不了，还会上升到负责投资并购的负责人乃至CEO等层级，有时候讨论会发生在某一方的深夜，最终双方能够就新闻发布稿、问答方案等大量文件的每一个字句达成一致，可以说非常不易。然而，当投资并购的新闻稿发出去的一刹那，你会觉得所有这一切都是值得的，因为它所引发的关注度和影响力会在瞬间抵达世界各地，企业所有的利益相关方——股东、客户、员工、政府、媒体、公众都会高度关注，很多人会一字一句地读这篇发布稿，它必须是值得也经得起所有人推敲的文稿。

这类事情的沟通复杂程度很高，对于效率比单纯在国内做事低很多这种情况要有所准备。同时，以往依靠单打独斗或英雄主义成功的企业，可能需要注意，在国际化过程中，将重要事务与世界各地相关同事进行沟通、共享和协同是极为重要的，有时候这就是表示对海外同事的尊重，如果省却了必要的共享和协同，往往短期获得了高效率，长期就可能出大事。

在投资并购项目宣布之后，合作双方团队的沟通、融合是一件极其重要的事情。从公关的角度来说，如果双方团队沟通非常默契，就能够推动合作深化、朝着越来越积极的方向发展。

京东与沃尔玛的战略合作项目非常令业界瞩目。2016 年 6 月，京东与沃尔玛共同宣布达成战略合作。沃尔玛将一号店交给京东运营，同时入股京东。在这一重大信息发布之后，我们双方的团队成功策划实施了沃尔玛 CEO 访华及到访京东的一系列重磅活动，包括在沃尔玛 CEO 到访时，宣布沃尔玛官方旗舰店、山姆会员店在京东平台正式开业，双方 CEO 和管理团队会晤，沃尔玛 CEO 对话京东员工，等等。这一系列高端活动通过我们的传播当即获得了国际最有影响力的英文媒体原创报道超过百篇，国内报道超过 3000 篇，在当时产生了极大的影响力，可以说为双方进一步深化合作塑造了非常好的内外部环境。

后续沃尔玛入股京东、在京东平台上陆续开出 5 家旗舰店；双方共创营销节日并实现了前所未有的销售奇迹；双方进一步打通线下库存共享的智能供应链以提升运营效率、更好地服务消费者，并在区块链领域合作推进食品安全。此外，在沃尔玛 CEO 到访京东时，我介绍了京东到家的创始人 CEO 与沃尔玛 CEO 进行会晤，这一桥梁的搭建后来证明非常关键，沃尔玛后来决定入股京东到家，并不断扩大和京东到家的合作，截至 2019 年 3 月，双方的合作已经覆盖了全国 270 多家沃尔玛线下店，由京东到家为沃尔玛线下超市进行网上订单的快速送达服务，此举大幅度提升了沃尔玛线下超市的销售，并有效拓展了年轻的客户群。整个过程中，公关举措和业务推进互相促进，既实现了很有节奏感的公关传播，又有效地推进了双方不断深化的业务合作。所以说，在投资并购案件中，好的战略合作达成双赢的结果，好的公关传播可以助推深度合作、深化行业影响。

另外，国际合作其实会遇到非常多的挑战，即便双方 CEO 已经达成共识，战略方向也非常正确，但在具体运营层面仍然会遇到诸多具体的问题。在这个时候，双方团队必须以"共同为顾客创造全新的价值"为一致目标，真诚地携手推进合作，才能够真正地在运营层面落实这些战略合作，做到优势互补和共赢。只有双方的目标一致，才有可能实现这样的结果。

2017 年，扩大国际公关网成为我当时聚焦的工作之一。

互联网时代倒逼更加迅速的全球化体制的建立与成熟。

过去没有进入网络时代的时候，可以一个国家一个国家地解决当地的问题；今天，发生在全世界某一个角落的事件，有可能分分钟就传播到了世界各地。这种情况是一把双刃剑，既有好处又带来新的挑战。好处是快速传播。比如在 2019 年初，我们此前经过一系列的策划和推进，终于实现了在达沃斯论坛期间发布"京东无人机在印尼实现首飞"的全球报道，这也是京东首次实现无人机在整个东南亚的首飞，短短几天的时间，我们就在美国、中国、印尼和东南亚地区、欧洲各国的全球近2000家媒体上收获了广泛的报道，其影响力非常深远，传播效果瞬间达到了预期。但是坏处是，当你遇到一个危机的时候，消息也会同样以迅雷不及掩耳之势传遍全球。

我们在国际传播上进行了很多拓展和尝试。我们首要的目标是大幅度提升公司的知名度和影响力，帮助公司扩大国际业务合作。各国媒体环境、讲故事的方式、语言都完全不同，所以说，公关是一个必须实现"全球本地化"的事。我们在北美、欧洲、东南亚、日韩、港澳台等国家和地区开展了国际传播，通过招聘本地的专业公关人员，快速拓展了本地媒体网络；同时我们通过体系化的运营，逐步展开了英语、法语、德语、西班牙语、意大利语、日语、韩语、泰语和印尼语等多种语言的本地化传播。两年间，海外媒体报道实现了质的飞跃，除了在主要英语国家传播（美、英、加、澳），在非英语国家和地区（欧洲、日韩、东南亚、港澳台）也建立起多语言传播覆盖能力。在2018年，我们实现了英文报道近14000篇，其他语言的海外报道近万篇。

参加国际上的高端峰会是中国企业在国际上提升知名度和影响力、扩大国际合作的快速而有效的方法。2017年我负责国际公关的拓展工作之后，推进了和世界顶级论坛——世界经济论坛的战略合作事宜。这项工作的推进即便是对于世界经济论坛来说也是史无前例的。仅仅用了半年时间，我们经过各种沟通和斡旋，申请成为世界经济论坛的"战略合作伙伴"成功，这种速度在全球风毛麟角。

2018 年 1 月是京东最高管理层团队第一次参加达沃斯论坛。此届达沃斯论坛共有 70 多位国家元首、1800 位世界顶级商业精英和 500 位全球最具影响力的媒体人参加。在这样的世界顶级峰会的场合，我们首次参与就策划了京东自己的私人午宴活动，这是一个价值 "2 万亿美元" 市值的午餐会，全球顶级 CEO 们有机会共聚一堂，倾听京东创始人的演讲，以及三位著名品牌 CEO 与财富杂志主编的对话，深入地了解京东的企业理念和价值观，为双方开展和深化商业合作起到了巨大的促进作用。与此同时，我们利用 CEO 们集中于此的良机，在午餐会后的几天中安排了十多场 CEO 双边会谈。并且，在前期的超常努力之下，成功地安排了极为稀有的京东创始人与著名美国投资基金创始人 "一对一对谈" 的官方议程。可以说这次参会收获满满，超出预期。

第一次参加世界经济论坛时，达沃斯遭遇了 48 年不遇的暴雪，但是再大的风雪，也无法阻挡我们前行的脚步。达沃斯论坛，我们首战告捷，也宣告了中国本土创业企业成功地在世界话语权的巅峰插上了一面旗帜。

2019 年的达沃斯论坛，京东参与的主题是 "创新传递信任"，京东是唯一一家在达沃斯主街上设立带大广告牌的专属会客室的中国企业。在这个会客室里，我们共安排了 20 多场 CEO 级别的会晤；我们组织了以 "用技术消除信任鸿沟" 为主题的早餐会和 "波折下的全球化发展新方向和新动力" 的高端午餐会。此外我们还举办了一场私人晚宴，在这个晚宴上，有近 30 位全球顶级公司的 CEO 参加，我们安排了 3 位公司支柱业务子集团 CEO 精彩亮相，并将三位 CEO 亮相达沃斯的消息及时发回了国内。这一举动也相当于向世界宣布了京东将在强大的管理团队的带领下继续成长的承诺和必将走向世界舞台的决心。

海外市场的拓展将会是无数次的从 0 到 1。我们去海外市场所做的所有事情，都是平生第一次。例如，首次参展国际消费类电子产品展览会，首次在世界零售大会上做主题对话，2018 年我们首次安排了 80 场高管海外演讲。很多场合都是京东高管首次出现。

国际化的道路注定不是一帆风顺的。对于中国本土企业来说，在国际化的进程中将会遇到诸多想象不到的挑战和困难。

国际化没有一个放之四海皆准的标准。这也正是这项工作最具困难和挑战，同时也是特别有魅力的地方，需要大家不断摸索、完善，跌倒了再爬起来。

国际化是双刃剑。从业务发展来看，国际化令我们有了更广泛的业务机会、更多元化的收入；它的挑战往往来自大规模投入、更低的资金使用效率、更高的管理成本。从企业形象来看，一方面可以更快地让全球各地都认知你的品牌和企业，另一方面也需要具备强大迅速的危机管理机制，应对随时可能传遍全球的危机消息。

我相信在下一个 10 年、20 年、30 年，会有越来越多的中国企业开展国际业务，为全球消费者提供来自中国的产品和服务，走向世界舞台的中心。

有志者，事竟成。

后记

感谢生活

在我结束了两段职场历程——在索尼公司和京东集团一共工作了25年之后，我开始修理两三年都没有时间去住的郊区的房屋。因此这本书的很多文字是在叮叮咚咚的施工工地的背景音中敲下的，我希望，伴随着这叮叮咚咚的声音敲下的文字，也能敲醒仍在沉睡的许多人。

我的儿子刚上大学不久，偶尔我们会有一些关于他将来读书和就业方面的讨论，我深深地感到，当我刚刚要结束一段很长的职业旅程时，他却要在不久的将来开始这样一个全新的旅程，在对未来充满憧憬的同时，也有非常多的未知和迷茫，一些对自己将去闯荡这个世界的惶恐和内心的不确定。从学校的单纯环境走进复杂的社会，步入需要不断闯关、打怪、升级乃至涅槃的职场，成就自己想要的人生，一定需要心理上的不断调整和适应，需要学习很多新的知识与思维，也需要逐渐建立自己的能力和优势，从而找到自己在职场中的位置，踏上那条属于自己的人生之路。

我周围还有很多年轻人，在我离开京东后担任京东集团国际公关顾问的这几个月的时间里，纷纷约我和我探讨职业发展的话题，他们每个人都有自己的人生梦想和职业理想，也在现实中遇到需要做出重要选择的十字路口，他们同时还面临着个人生活中的人生选择——人生之路与谁结伴而行。成家和立业都是如此重大的人生事件，每个人都需要跨越与之相伴的各种烦恼和纠结，又不断迎来激动人心的新篇章。

当自己一路懵懵懂懂地走过了 28 年的职场生涯后，我忽然感到，我的儿子和与他相仿的那些在校大学生，以及刚刚从学校毕业走入职场、走向社会的年轻人，还有那些在职场上已经打拼了多年的"白骨精"，都正在为自己的前途而不懈地努力，他们本已过着非常不易的生活，如果有人能在精神上、心智上给予他们一些帮助，也许可以让他们在受到挫折的时候、在内心虚弱的时候、在选择艰难的时刻、在孤独无助的瞬间，可以更快一点、更顺利一点地渡过这些难关，让自己的内心变得更加坚定和从容，早一点成长为自己想要的自己。

因此，我决定梳理一下我所经历的这两段职业旅程，与他们分享我对职场、行业乃至宏观商业环境等方面的观察、认知、心得和感悟。

大学毕业是新的学习的开始，我一向喜欢阅读，它让我在离开学校后继续学习到了更多的知识与技能，从书本中见识到他人的人生，也极大地扩展了我的精神世界。很多人生的苦难和喜悦，我会情不自禁地与书中的人共情，有时甚至已搞不清是他人还是自己的经历。从他人所分享的生活智慧和人生感悟中，我不断采集精华，撷取芬芳，这些连同我自己的亲身经历和体会，逐渐孕育和滋养了我的心灵。因此，我也希望通过写这本书分享一些我的经验和感悟，给年轻的职场人些许养分。

我们绝大多数人都没有任何显赫的家庭背景，因此我们必须也只能靠自己去建设自己的人生。没有资源，自己去积累；没有机会，自己去创造。没有幸福会静悄悄地等在那里，要靠我们自己的勇气、智慧和双手去赢得属于我们自己的幸福。我们所面对的世界就像一个神秘的探险之地，每一个险境都会更加开阔我们的想象，每一次挫折都会为下一次的通关铺平一段道路，每征服一座山峰都会到达我们人生中的一座里程碑，每看到一次彩虹都是对我们莫大的鼓励，每一次探险都成为我们人生宝贵的财富。感谢生活带给我们如此丰富的选择和场景，让我们每个人的历险之旅各不相同，却又各自精彩、各得其乐。所以，要感谢生活给我们的一切。

很多人希望自己获得成功，那到底什么是成功？我认为，成功不是他人为你定义的，真正的成功，就是你做到了更好的自己，你能够尊重自己内心的意愿，并按照自己内心的意愿去生活。在我们追随自己内心的愿望时，我们还要记住一件重要的事情：无论我们的梦想多么远大，使命多么伟大，生命和健康永远是我们人生中最为重要的事情，有了生命和健康这个"1"，才有可能有后面的许多"0"。如果这个"1"变成了"0"，一切就都没有了意义。所以，我们要了解自己的边界在哪里，过于遥远的东西可能原本就不属于你，不必过于强求。

感谢中信出版集团的两位 80 后美女编辑沈家乐和黄维益，与很多职场人一样，她们需要在工作、生活和家庭中做出许多选择。个人的内心意愿如何能在这些繁杂的生活场景中被充分地尊重，几乎是每一个人都想得到的答案。当听到我写这本书的初衷时，她们马上就对我说："我们会是你的第一个读者！"这对于我这样一个从未写过书，又有写书愿望的人来说，该有多么温暖。也是在她们的鼓励下，我如期完成了这本书的初稿。因此，我在此衷心地表达我对她们的感谢；我也希望这本书能给读者们带去一些温暖与鼓励。

李　曦

2019 年 7 月 2 日于北京